司法官僚

Muneyuki Shindo

〔日本〕新藤宗幸 —— 著

朱芒 —— 译

译林出版社

图书在版编目（CIP）数据

司法官僚 ／（日）新藤宗幸著；朱芒译.—南京：译林出版社，2021.3
ISBN 978-7-5447-8406-1

I.①司… II.①新… ②朱… III.①司法制度－研究－日本
IV.①D931.36

中国版本图书馆 CIP 数据核字（2020）第 177800 号

司法官僚

责任编辑　刘　免
装帧设计　周伟伟
校　　对　戴小娥　蒋　燕
责任印制　单　莉

原文出版　岩波书店，2009
出版发行　译林出版社
地　　址　南京市湖南路 1 号 A 楼
邮　　箱　yilin@yilin.com
网　　址　www.yilin.com
市场热线　025-86633278
排　　版　南京展望文化发展有限公司
印　　刷　苏州市越洋印刷有限公司
开　　本　890 毫米 ×1240 毫米　1/32
印　　张　6.375
插　　页　2
版　　次　2021 年 3 月第 1 版
印　　次　2021 年 3 月第 1 次印刷
书　　号　ISBN 978-7-5447-8406-1
定　　价　68.00 元

目　录

序　章

日本司法存在着怎样的问题

一、消极的日本司法

（一）源于一项经历

大约30年前，我获得去华盛顿的城市研究所从事研究的机会。当时的研究主题是分析联邦—州—地方政府之间行政和财政关系的历史和实际状况，但在进行了一段时间后，我深感这方面的研究并不那么容易。因为地方政府往往以州政府或联邦政府为被告，或者州政府以联邦政府为被告诉至法院，由此形成的大量判例建构起了政府之间的关系。研究所设有收藏这类判例的大型图书室。尽管我通过图书室管理员的帮助可以找到相关判例，但由于不了解案件的背景，因而也并不明白判决所具有的意义。我现在正苦恼于这方面的资料收集。而在日本，则基本不会发生这类事情。稍许极端而言，只要查阅位于霞关的行政机关的各省行政文件，就基本上可以把握日本的中央—地方之间的关系。美国的地方政府或州政府，甚至市民通过司法程序建构起政府之间规范的事实，成为一种新鲜的刺激，印刻在我的脑海之中。

基于这段经历，如将目光转向日本的司法制度，首先可以提出这样的两个问题。第一，尽管日本是立法、司法、行政三权分立体制，但在与立法和行政的抗衡关系之中，日本的司法究竟在多大程度上认识到可通过获取民意的方式制定规范，从而充实民主主义政治体制呢？如本书第三章的内容所示，在行政诉讼中，原告若不具备“诉的利益”就会被“拒之门外”的理论，是由司法机关内部制作出来的产品。另外在有关诉讼案件的新闻报道中，常常会听到“立法政策上的问题”这一词汇。在直指宪法条款与某项立法或政府政策之间存在“背离”问题的诉讼中，法院难说没有以此方式回避自身作出判断，而将责任“转嫁”至内阁或国会。

另一个问题与司法机关内部法官的“自立”相关。结合上述我的体验而言，尽管属于同类案件，但各州作出的判决会不尽相同，并且同样具有规范的效力。由于宪法体制和政治体制不同，虽然在以美国作为标准来评价日本的司法制度时，必须持谨慎的态度，但正如人们不断指出的那样，现实情况是，日本的司法中下级审法院的判决已经相当“固化”，已见不到法官的“独自性”。一位现职的法官曾这样指出：

> 坦率而言，我认为可以看出下级审法院的法官具有非常强烈的不愿被上级审法院驳回的心理状态。高等法院的法官尤其如此。我也曾任职高等法院。由于紧接着的后续程序就是最高法院，高等法院的审判长特别在意是否会被最高法院驳回判决。……我想尽管这种关系属于本末倒置，但在现实中这种意

识正充斥着日本的法院。[1]

可阅读到的是这名现职法官的匿名发言记录，紧接着的部分记载着同样的意见。从这些内容中还可以见到“最高法院最能回应市民需求”这种半为自嘲半为玩笑的发言，但市民对于司法判决的“固化”问题，即对法官“自立”提出的疑问，在相当程度上触及了问题的核心。

对这种以“司法消极性”方式表现出来的瓶颈问题，我们将在具体的判例之中，探寻其起源于何处，以及应该对此进行怎样的改革。

（二）法院究竟应该坚守什么

之所以会出现“司法消极性”的批评声音，其根本原因在于市民不明白法官和法院自身意识中认为应该坚守的是什么。很多市民担忧的是，政府政策或国会立法会对个人将来的生活产生不利影响。而无论是在制度性还是非制度性的环境中，都可以寻找到这些不利影响的多种方面。或许人们首先会想到的是国家政治选举，尤其是通过众议院总选举以实现政府权力交替，或者至少这能够表达出社会对政府权力的巨大的不同意见，以寻求政策的转换。

但是，法律制度中并没有规定众议院解散和总选举的直接请求权。假如设置了这样的直接请求权，那么，接近一亿选民以何种程度的联署方式才能使请求得以成立呢？总之，这并不是件容易的事情。即使采用游说政党或议员的方式也难言会有什么实际作用。正是这

1 《第二十届全国法官恳谈会报告・从事审判之心（处在司法改革的潮流之中）》[「第二十回全国裁判官懇話会報告・裁判する心（司法改革の流れの中で）」]，2006年11月25日。

些市民亲身感受到了现实状态，才因此向司法权提出了宪法究竟应该如何保障其自立的问题，才需要通过司法判断以求改变政策和行政。

换言之，对于市民来说，司法是能够改变未来政治或社会的“简便”制度。在全国法官恳谈会的研究会记录中，记载着一位法官的如下“名言”：“立法和行政是属于多数派的制度，司法则是为少数派设置的。”的确，所谓能够回应市民需求的司法，不仅仅是一种便于使用的制度，而且应是可以挑战政治或行政的制度。

但是，在我们见到的案件中，很多情况下都难以找到这种积极意义，尤其在与广义的日美安全保障体制有关的争讼案件方面，这表现得更是显著。

（三）极其纯真的判断

为了防止小松基地噪声造成的公害，石川县小松基地周边的市民于1975年和1983年向金泽地方法院提起诉讼，请求禁止自卫队飞机和美军飞机的起飞和着陆并进行损害赔偿。起诉之后经过很长时间，金泽地方法院于1991年12月作出判决，认为自卫队飞机的起飞、着陆以及运行在本质上并不是对国民的公权力行使，其属于自卫队内部的职务命令及其实行，因此，与受噪声危害程度相比较，可以构成民事上的请求禁止的对象。但是在请求禁止或限制美军飞机的起降事项上，因为小松基地是根据《日美安全保障条约》和《日美地位协定》被提供给美军使用的，所以不能对请求作出禁止判决。另外，针对因自卫队飞机和美军飞机的噪声和震动造成损害的补偿事项，法院在通过判断是否超越了“受忍限度”的基础上，判决认定国家损害赔偿部分成立。1994年，名古屋高等法院金泽分院的判决也支持了一审判决。

对于美军基地引发的噪声和震动公害问题，日本各地不断有相关诉讼被提起。但是，向国家提出禁止战斗机等飞机飞行的诉讼请求则不断被判决为“不合法”，其根据是《日美安全保障条约》和《日美地位协定》。生活在基地周边的市民除了不得不忍受噪声和震动的公害之外，现实中还会进一步承受来自坠落的战斗机对生命造成的威胁。法院也因此受到如下批评：欠缺对市民生活的实际感受。

20世纪90年代以后，尽管自卫队海外派遣行为并不构成对生活的直接“威胁”，但还是出现了对该行为提起的大量相关诉讼。例如，在诉请确认向伊拉克派遣自卫队行为违宪并诉请作出禁止判决，同时请求国家赔偿的案件中，甲府地方法院于2005年10月针对这些请求作出了驳回起诉的判决。这意味着，在提起诉讼之前，从上述判决中就能够预测到结果了。原告认为向伊拉克派兵的行为违反了《宪法》前言规定的“和平中生存的权利”，但判决则指出，《宪法》前言并不保障具体的权利或利益，因此不能认为是违宪。该判决同时指出，被请求的禁止并不涉及原告法律上的利益，因此该请求“不合法”。其实在向伊拉克派遣自卫队之前，已经发生了一些相同的诉讼案件，如针对向柬埔寨派遣维和行动部队（PKO）、海湾战争时财政资金支出等事项，以和平生存权、纳税人基本权利等为根据，请求法院认定这些行为违反《宪法》或请求国家赔偿的诉讼案件。但是，这些案件均在一审阶段就被驳回起诉或诉讼请求。这也是法院被批评在一审阶段就对案件进行“管理”的一个原因。

（四）根据《公职选举法》的判断

这里暂且不谈因自卫队和美军基地发生的噪声和震动公害以及

对生命构成的危害方面的诉讼，仅就向伊拉克派遣自卫队行为而提起的诉讼来看，社会上也有批评观点指出这属于高度意识形态化的诉讼。但是，有关参众两院议员选举的定员人数纠正和选举活动的权利方面的诉讼，原本就不在这些批评的范围之内。公民权的具体保障本身就是民主主义政治体制的基本要求，如果实际状况出现偏差，对此进行纠正正是司法必须承担的重要职责。然而，无论是下级审法院还是最高法院，表现出的都是令人瞩目的“消极性”。

2007年6月13日，最高法院大法庭的判决反映了最近的司法观点。该案件涉及的诉讼请求有两项：一是在2005年9月11日开始施行的《公职选举法》规定的众议院总选举中，小选区划分违宪因而选举无效；二是该法律只允许登记了候选人的政党播放其政治见解及进行选举活动的规定，属于歧视登记候选人政党之外的其他候选人的行为，因而违宪。法院受理了这些起诉。

众议院议员在小选区中选出议员的定员数和选区划分方法，所依据的是《众议院议员选区划分审议会设置法》第3条规定的基准。首先，各个都道府县一律无条件配置一个议席，在此基础上将剩余的议席根据人口比例计算后再添加给各个都道府县。这种无条件分配一个议席的做法被称为“各一议席范围分配”方式。这项分配方式，自然会将人口比例部分的议席数减少。原告认为这种分配方式和以此为根据的《公职选举法》第13条第1款以及附表中规定的选区划分结果，均违反了《宪法》第14条第1款的规定——“全体国民在法律面前一律平等。在政治、经济以及社会的关系中，都不得以人种、信仰、性别、社会身份以及门第的不同而有所差别”。同时，原告还认为，只允许登记了候选人的政党播放政见的《公职选举法》第150条第1款，以及规定允许发送传单和明信片的第142条第2款也具有同样的违宪性质。

最高法院对此案作出的判决认为，无论是在立法阶段还是在2005年总选举阶段，议员定员数和选区划分基准以及据此建构的《公职选举法》内容，其在投票价值方面所形成的差别，均没有达到欠缺合理性的程度，因此不能认定其违反宪法。此外，属于登记了候选人的政党的候选人与除此之外的候选人之间，在从事选举活动方面存在着差异确为事实，但该差异并未达到欠缺合理性的程度，尚未能确定其违反宪法。尽管在此案件中，最高法院的几位判事[2]在判决上也留下了补充意见和反对意见，但这些意见并没能迫使立法机关和行政机关在选举中贯彻“法律面前平等”原则。

同样质疑议员定员数分配基准的，还有针对1996年10月20日举行的众议院总选举的诉讼。1999年11月10日，最高法院大法庭认为“选区之间人口最大差异所表现出的投票价值的不平等，尚未达到不具有一般合理性的程度”，因此驳回了诉讼请求。

在上述案件之外的其他案件中，议员定员数不均衡的争议表现在更为具体的数值方面。最高法院大法庭在2004年认为，即使2001年参议院议员选举中每一议员所对应的人口最大差异为1 ∶ 5.06也属于合宪，从而驳回了选举无效的诉讼请求。在此之后，在2004年参议院选举中，议员定员数不均衡也因被认为违宪而被提起选举无效的诉讼。最高法院大法庭于2006年10月4日对此案作出判决，认为2004年的参议院选举中每一议员所对应的人口最大差异为1 ∶ 5.13，

2　“判事”是日本法官（日语为“裁判官”）中的一种职位名称（官名）。日本的法官为配属在最高法院以及下级审法院中，从事审判事务的（特别职）国家公务员，由最高法院院长（最高裁判所長官）、最高法院判事、高等法院院长（高等裁判所長官）及其判事、判事、助理判事（判事補）和简易法院判事6个种类组成。——译注

与前次2001年选举相比没有大的变化；同时，在2004年的判决之后，通过四增四减的方法于2006年完成了《公职选举法》的修改，在下次的选举中最大差异将会缩小至1 ∶ 4.84，因此，最高法院驳回了三审上诉请求。

其实，上述判决仅仅是这方面案件中极少的一部分而已。在每一次选举中，都会发生因议员定员数不均衡而提起的诉讼。就普通市民的感觉而言，每一票超过五倍差别或者即使调整之后仍然存在接近五倍的差异，这种事实完全应该被认定为阻碍了公民权的平等行使。因此，从这些判决中，难以得出最高法院，包括下级审法院在内的司法机关大胆地行使了违宪立法审查权的结论。

（五）应对媒体报道与社会关注

没有人认为法官和法院会毫不关注被社会大量报道的问题。法官和法院对于具有社会动向性的事情，同样具有“敏感”之心。就近年以来的情况而言，这方面的表现集中在应对药害事件方面。

给血友病患者使用非加热血液凝固因子制剂，导致大量患者因感染HIV病毒患上了艾滋病，这就是所谓的“艾滋病药害事件”。此事件中共有三起相关的诉讼，即厚生省路径诉讼、绿十字路径诉讼和帝京大学医院路径诉讼。其中，帝京大学医院路径诉讼因被告人死亡而没能走完最终程序，但在其他两个路径的诉讼中，法院判定1986年时任厚生省生物制剂课课长和绿十字高管犯有业务上过失致人死亡罪。

在已经将艾滋病药害事件作为社会问题对待的20世纪80年代后期，原本也应该对药害丙型肝炎问题予以关注。在这个事件中，也是给血友病患者使用非加热血液凝固因子制剂，导致产妇以及接受外科手术的各类患者患上丙型肝炎。但是，直到2007年，所谓药害丙型肝炎问题才被认为是一大社会问题。从这个时候起，许多患者在各地的地方法院提起了多项国家赔偿请求诉讼。

对于药害丙型肝炎问题，政府于2007年向国会提出了《药害肝炎救济法案》。该法律于2008年1月11日获得通过。根据该法律规定，因非加热血液凝固因子制剂造成丙型肝炎病毒感染的患者以及死亡者的遗属可以获得补偿。由国家和制药公司建立基金，分别向“死亡、肝癌、肝硬化”患者支付4 000万日元，向“丙型肝炎”患者支付2 000万日元，以及向“无症状的病毒感染”患者支付1 200万日元的补偿金额。但是，补偿金的给付对象，需要由法院认定。

在建立了这样的制度之后，各地就出现了上述提到的根据《国家赔偿法》的审判和根据《药害肝炎救济法》进行认定的诉讼。概括而言，这些案件的审判过程中，法院方面的积极姿态令人瞩目。2008年10月，新潟地方法院认定可以适用救济法。在国家赔偿诉讼方面，法院同样居于主动的立场，从2008年11月冈山地方法院开始，各地都取得了和解的结果。

如果着眼于这些案例，那么可以说事实上法院并非都深陷于“司法消极性”之中。

尽管法院在应对大规模媒体的采访方面广受好评，但是在刑事案件上，在讨论法官和法院是否重视嫌疑人和被告人的“人权”时，则可能会遭遇大量的质疑。在后述的部分将会提及，在遇到法官积极审查警察和检察机关提出的嫌疑人刑事拘留申请事项时，警察和检察官方面会建议：“那位法官太烦人了，还是等他不当班的时候再提出申请吧。”

日本的刑事司法中盛行的是口供中心主义。侦查当局通常的做法是在密室中使用超过100小时的审讯来逼迫嫌疑人自供，此后将证明这些口供的侦查材料在开庭时一并提交至法庭。从担任刑事审判的法官们那里也时常能听到“自省”式的辩解，他们认为长期以来都没能做到遵循开庭中心主义，以充分听取被告人的主张和判断口供的可信度。开庭中心主义，即口头主义和直接主义，一直被称为刑事诉讼法的法律原则。尽管刑事司法中嫌疑人和被告人的人权保障并不仅由法官和法院来承担责任，但是法官不得面对侦查当局表现出“自我抑制”的立场，法官通过法庭指挥权，并非无法将刑事诉讼法的法律原则付诸实践。

的确不应该否定法官在各自的法庭中真诚地面对所审的案件，但就整体而言，无疑存在着这些疑问：法官以及法院所要维护的究竟是什么？是行政机关或立法机关体现出的政治或行政的制度结构，还是法官或法院的“权威”，或者是作为法官所具备的“职业经历”？

二、所谓法官是些怎样的人

（一）不见身影的法官

法官的生活究竟是一种怎样的状态？安倍晴彦在其所著的《未能变身为狗的法官》一书中，在描述日本法官的生活特性时，不断引用电影《日本和德国法官的故事》。这部影片反映出德国法官不仅仅活动在法庭上，而且还以自由参与讨论的方式自主地参与地域社会中的各种活动。我认为这部电影应更多地在日本放映，由此引发对究竟应该有怎样的法官，进而应该有怎样的法院的思考。的确，参与近邻社会或子女学校活动的法官极为少见，可以说在日本，很难见到法官的身影。

但这些特征并非法官特有的表现，拥有家庭的公司职员一般情况下表现出的也是这种状态。问题在于，法官的职责与在此重压下的生活实情是什么。

与那些所谓发达国家相比较，日本法官的人数相当之少。每一万人中，德国有法官24.46人，美国为10.59人，法国为9.50人，英国（英格兰与威尔士）为6.77人。与此相对，日本为2.10人（不含简易法院法官，见《法院数据汇编2008年版》）。尽管以律师为中心提出了增加法官定额人数的社会主张，但实际增加的人数微乎其微。

曾经担任过法官的秋山贤三在《法官因何错判》一书中指出，通常情况下，大城市的法官每年要承担超过300件案件的审理工作量。一位法官通常一周之内开庭3天，这样一个月就有了12个开庭日，每一个开庭日需要审理25件案件。当然，除此之外还需要加上开庭准备所必需的时间，如在民事案件中，原被告双方都委托诉讼代理人律师时，还必须会见双方的诉讼代理人律师。法官如因开庭之前准备不充分导致审判过程不顺利，除了会受到律师的指责之外，也会受到来自法院内部的批评。在法官的网络圈之中，就时常能读到在职法官对这种情况的反映。

法官理所当然属于高级专业人员。但是，法官却没有获得作为高级专业人员所需要的思考法庭指挥和案件本质的时间，而是变身为极其辛劳的“知识工人”。他们需要将工作带回家（很多法官还栖身于宿舍），从而牺牲与家人团聚的快乐。

与此同时，一般的职业法官较之公司职员更属于“调动族”。通常情况下，法官每3年到5年就要被调离所工作的法院。尽管《法院法》不允许进行违反法官意愿的调动，但实际上并没有出现过拒绝最高法院调动内部公示的法官。总之，即使在任职所在地最长5年的时间内，法官在繁忙的职业生活之外，也已经难以参与当地地域社会的各种活动，亲身了解市民的生活感受了。

更为严格的是，尽管在法律上并没有设置禁止性规则，但为了保持法官的公正性，传统上存在着的“职业伦理”要求法官不应该与司法机关之外的一般人进行交流和进出当地的娱乐场所。这种“职业伦理”代代相传而来。与此同时，大多数法官的生活场所是官方提供的宿舍，在宿舍与职业场所法院之间，有专用的接送巴士。在这样的环境中，尽管在法律上并无相应的禁止性规定，但是法官在官方宿舍之外很少会自行购置住宅，也很少使用公共交通通勤。频繁的调动使得自行购置住宅的生活从一开始就不可能实现，因此，勇于为此付出成本的法官当然就只能是少数了。总之，有评论指出，大多数法官都遵守法官和法院“自立”，不受任何人侵害的“权威保持”规范，因而被“隔离”于社会之外。

（二）被控制的法官

法官生活的上述实际状态，并不是法官自身基于爱好所选择的结果。尽管他们是受到宪法上“自立”规范保障的法官，但这些并不是他们作为高度专业人员在履行职责时所接受的全部限制。这里可以明确地指出，他们受到的，是来自法院组织高层——本书主题所指的最高法院事务总局——的各种各样的控制。

大多数职业法官在司法研修所完成了修习之后被任命为助理判事。10年之后，大多数助理判事会被任命为判事。此后直至65岁退休为止，每10年会被再任命一次，以此方式完成法官的职业生涯。也就是说，由于存在着基本上10年一次的任期，他们会在是否工作到退休，是否接受再任命的考虑之中度过整个职业生涯。

有关任期制度和运行方式的内容将在第三章中予以详述，在这里想指出的是，在任期10年的基础上，职业法官会受到是否予以再任命的法官评价。此种再任命的法官评价制度，使得法官虽然被频繁调动，但表面上不能表述异议或抗议。本书的后续章节中也会详述法官的薪酬问题，其中会提到法官并没有一个固定的加薪基准日。法官的薪酬由八号至一号8个级别构成，并不是所有的法官都会被加薪至一号，有的法官就会停滞在这些薪酬级别的中途。此外，加薪还受制于各种各样日期上的规定，这些加薪方式构成了“操作”法官行动的有力手段。

采用人事制度方式的“控制”必定会影响作为高度专业人员的法官的心情和职责履行。如回到根本点上看，法院之所以不断受到“司法的消极性”、“不见面孔的法官”以及“陈词滥调化的判决”之类的批评，其原因就在于法官被官僚制“控制”。

战后日本的司法否定了战前受行政机关（司法省）支配的体制，建立了以最高法院为顶点的独立机构。对于大多数市民来说，独立的司法不仅仅可以成为政治或行政改革的手段，还能够成为保护人权的“堡垒”。然而，不可否认的是，针对职业法官实施的官僚制“控制”，导致了与市民的期待不同的结果。判决或刑事司法就反映了这些情形。

那么，日本的司法机关究竟是通过怎样的内部体系和怎样的结构来“控制”法官的呢？这里先表述的结论是，尽管日本的司法已经脱离了战前的司法省控制，但在日本最高法院的内部，存在着实质上拥有强大权限的司法行政机构，即最高法院事务总局。与一般的职业法官不同的是，被挑选出来的精英职业法官担任司法行政工作。

由此，法官不仅在法院内部，而且在地域社会中可自由从事的活动方面受到了司法机关内部行政机构的限制。

（三）本书的结构

本书通过以下的结构来表述观点。

在第一章中，对于1999年设置的司法制度改革审议会所忽略的最高法院事务总局的改革问题，本书将讨论事务总局是一个怎样的组织，以及被称为“司法官僚”的一群精英法官，究竟是由谁来担任的。

在第二章中，本书将考察被称为“司法官僚”的一群最高法院事务总局的干部以及相应的后备人员，具体拥有怎样的经历。

在第三章中，本书将从人事政策和对审判内容的“指导”“建议”的角度，考察司法官僚“控制”法官的实际情况。尽管司法制度改革审议会的《意见书》的关注点已经放到了法官评价和再任命的制度“改革”，以及下级法院的运行中“市民参与”方面的问题上，但本书进一步分析了这些改革措施与过去的不同之处。

在第四章和终章中，本书在概括上述内容的基础上，具体讨论了日本当今的司法改革应该面对怎样的问题，什么样的改革才是必要的等方面的问题。

第一章

现在为什么要讨论司法官僚问题

一、“改革的时代”中启动的司法改革

（一）司法制度改革审议会的设置

1973年，最高法院大楼重新建造于面临皇居护城河的三宅坂。当年采用了公开设计竞赛的方式征集设计方案，最终采用了在鹿岛建筑任职的建筑家提出的方案。该建筑物尽管显现出“威风凛凛”的气度，但不可否认的是，这种形象具有一种冷冰冰的、排斥市民的权威主义属性。建筑物表现出的虽然是设计者的思想，但当时既然是采用了公开竞赛的方式征集设计方案，那么该建筑物的风格更象征着方案的采用者，即最高法院对司法的认识。

法院无论是审理刑事案件、民事案件还是行政案件，其目的都是为了市民，但是法院的建筑设计从一开始就没有让人觉得司法在现实中具有便民之处。当然，这并非仅仅是以最高法院为首的法院系统的问题，而是包括检察官、律师在内的整个法曹界的问题。

1999年6月，当时的小渊惠三内阁设置了司法制度改革审议会（会长佐藤幸治）。该审议会的设置背景相当复杂，其中有人主张必须建立起具有国际视野，能够回应经济全球化浪潮的司法体制。也有观点认为在行政改革的背景下，因为行政机关实施的规制，改革正从基于严格的要件设置对项目进行许可或核准审查的传统"事前规制型"行政，转变为放松规制，针对所发生的问题进行处理的"事后规制型"行政，所以应该建立起能够应对诉讼大量增加的司法体制。还有观点认为应该引入欧美国家的参审制和陪审制，将司法中的市民参与制度化，以此打破一直以来的"司法官僚"制所造成的司法"封闭性"。此外，作出最终判决需要花费多年，因此有的主张认为应该实现审判迅速化。因为需要培养具有丰富见识的人才（法曹）以支撑司法，所以有观点认为应该解决长期的悬案，实现法曹一元化以及改革司法考试制度。

上述这些认识虽然都与司法紧密相关，或者都属于时代变化之中必须直面的课题，但是这些认识的理由并非立足于制度的整体方位，而是因人而异地寻找改革应该具有的着力点。总之，司法改革可以说是站在了一个同床异梦的起点之上。

20世纪90年代后期被称为"改革的时代"。司法改革也随着行政改革、财政结构改革、金融制度改革等接连不断的政治议题，开始登上议事日程。改革终于开始触及"坚固"的司法制度，这意味着社会已经广泛地认识到，战后日本各项制度都已陷入极端化的"制度疲劳"之中。仅就这点可以看出，包括政党政治在内的与司法密切相关的各种集团的难题，确确实实地汇集在一起了。早在1962年，池田勇人内阁就建立过临时司法制度调查会（会长我妻荣），这是为审议司法制度改革目标而设置的大规模咨询机构。因此，小渊惠三内阁高举的司法改革大旗自然引发了社会性的关注。

然而，临时司法制度调查会提出的《意见书》涉及以法曹一元化、法官和检察官的任命制度，以及薪酬制度为核心的多方面问题。由于法曹三方之间的对立，实际上坚持改革的方向性的目标没有贯彻始终，因而大部分的设想并未付诸现实。这其中最大的原因在于委员会的结构。根据设置法的规定，临时司法制度调查会的委员由众议员3人、参议员3人、现职法官3人、现职检察官3人、律师3人以及学识渊博经验丰富者4人（法学家2人、具有行政官经验者1人和经济界代表1人）组成。由此可见，在委员会的组成人员中，法曹三方过重地代表了各自的利害关系，而相互间的利益调整则陷于困境。

（二）司法制度改革审议会的委员构成

1999年的司法制度改革审议会由13名委员组成（见表1-1），其中曾任高等法院院长和高等检察院检察长的律师各1人，委员中没有现职的法官和检察官，政治家也被排除在委员会组成人员之外。委员所属的职业分别是法律专业人员（律师3人、学者3人）、法律学者之外的学者等人士（学者2人、作家1人）和司法制度使用者（企业2人、工会1人、消费者团体1人）。这是在总结了临时司法制度调查会“失败”原因的基础上，为了创立对于主权者市民（使用者）具有开放性的司法制度所形成的结果。

作为“使用者”的市民参与对司法改革的审议，其意义不菲。尽管司法的法体系结构或制度极其难以理解，但如同面对教育问题那样，任何人都能对司法的问题提出自己的“意见”。将这样的使用者即门外汉的批判性感受也汇入改革之中，在此基础上最终是否能制定出新的司法体系，则由实务和理论方面的法律专业人士来承担相

表 1-1　司法制度改革审议会委员[1]

佐藤幸治（会长）	近畿大学教授、京都大学荣誉教授（宪法）
竹下守夫（会长代理）	骏河台大学校长、一桥大学荣誉教授（民事诉讼法）
石井宏治	株式会社石井铁工所代表董事社长
井上正仁	东京大学教授（刑事诉讼法）
北村敬子	中央大学商学院院长（会计学）
曾野绫子	作家
高木刚	日本劳动组合总联合会副会长
鸟居泰彦	庆应义塾大学学事顾问（统计学）
中坊公平	律师（原日本律师联合会会长）
藤田耕三	律师（原广岛高等法院院长）
水原敏博	律师（原名古屋高等检察厅检察长）
山本胜	东京电力株式会社董事副社长
吉冈初子	主妇联合会事务局长

应工作。主导审议会讨论的，是担任会长的宪法学家佐藤幸治、担任会长代理的民事诉讼法学家竹下守夫、担任委员的刑事诉讼法学家井上正仁、原日本律师联合会会长中坊公平、现为律师的原广岛高等法院院长藤田耕三，以及现为律师的原名古屋高等检察厅检察长水原敏博。

政府接受司法制度改革审议会的建议后，于2001年12月进一步设置了司法制度改革推进本部，在部会之中设计司法改革的具体方案。部会的组成人员之中，实务和理论方面的法律人“理所当然”地

1　委员会成员当时在任。

居于中心位置。例如，围绕司法制度的理想方式究竟是什么的问题，相关意见持续至今依然尖锐对立的“陪审员制度·刑事检讨会”，由井上正仁担任座长，其他成员是池田修（东京地方法院判事）、四宫启（律师）、高井康行（律师、原检察官）、广畑史郎（警察厅刑事局企划课课长）、中井宪治（最高检察厅检察官）等现职的司法实务专家，以及3名刑事诉讼法学者、1名女性市长与1名记者，其中由诉讼实务方面的专家主导具体的制度设计工作。

如上所见，与临时司法制度调查会相比，司法制度改革审议会在委员的结构方面，在法曹三方的个别利益之间设置了相对的距离。但是，从司法制度改革推进本部的部会结构上，可以看出其特征是以实务专家为核心。因此，通过本书整体的阐述可以了解到，如果从建设对作为主权者的市民开放的司法这一视角观察，那么可以发现，这里所称的司法改革从一开始就存在着一定的局限性。

（三）司法制度改革的理念与“成果”

这里稍稍将时针倒拨，回到2001年6月12日开始观察。该日，司法制度改革审议会经过两年的审议后，向小泉纯一郎首相提出了《司法制度改革审议会意见书——支持21世纪日本的司法制度》（以下简称为《意见书》）。该《意见书》设定了司法改革的3项基本理念：“制度基础建设”、“人才基础建设”和“国民司法参与”。

所谓“制度基础建设”，意味着为实现便于国民使用的司法制度的目标，改革的方向应该是司法制度的易懂和切实可靠性。“人才基础建设”是指在保障司法质量方面，需要确保存在大量作为专业人士的法曹。最后一点“国民司法参与”是指需要将市民对法庭或法院运行方面的参与予以制度化。为了实现这三项理念，《意见书》用近

120页的篇幅提出了各种改革方案。

本书的主题并不是讨论《意见书》提出的各个改革方案，以及讨论司法制度改革推进本部中“部会”设计的具体制度改革方案。不过，如今站在《意见书》提出8年的这个时点对此做些概括性评价的话，可以看到的是，在第一理念“制度基础建设”方面取得的成果包括开庭审理之前设置的整理程序缩短了刑事案件审判时间，设置日本司法支援中心（法律露台）以搭建法律咨询和辩护活动支援平台。从相关内容中并未看到能够称得上大的成果。

在第二理念“人才基础建设”方面，作为中心课题的法曹一元化并未获得推进。尽管法曹一元化可以作多种解释，但其中的一个方面就是从律师中任命法官和检察官，实现三者之间顺畅交流的问题。《意见书》发布之后，尽管也从律师之中任命了非常任法官，但并没有着手建立起法曹一元化的制度。人才基础建设，则完全收缩为职业研究生院即法科大学院的设置及其法曹培养的事项。

在第三理念“国民司法参与”方面，改革非常有限地集中于法官任命程序和市民参与法院运行的范围之内，至今得到具体落实的，也只有2009年5月开始施行的，在以重罪起诉的刑事案件中，市民能够参与到法庭中的“参审员制度”。

总之，此次司法制度改革的所谓“成果”，也就是建立法科大学院的法曹教育方式和导入参审员制度这两项而已。即便就这两项，律师界与其他社会各界对其合理性也至今争议不断。

3学年之内需要支付近1 000万日元学费的法科大学院，是否真的能够成为培养专业法曹的教育机构？认识到在原先偏重考试技术“教育”的司法考试预备学校中无法培养出真正的专业人员，因此，要强调在以培养专业法曹的专业性研究生院即法科大学院中，学生不仅需要接受法学理论教育，而且必须广泛地接受博雅教育的熏陶。这是法科大学院构想的问题出发点。然而，现实中法科大学院所提供的“教育”，还是偏重于理应受到批判的、与司法考试预备学校相同的应试教育方式。不仅如此，由于“滥设”法科大学院，各校在司法考试合格人数方面展开竞争，这更加快使其陷入一种应试教育状态。这种状态所造成的结果是，自法科大学院设置起至4年后的现阶段，有的法科大学院甚至完全没有出现过一名合格者。文部科学省不去触碰行政许可方面的责任，而是指导各个学校进行削减学生定额人数、法科大学院合并撤销的工作。法科大学院中的大多数学校或许会服从这些指导，但是，这样的教育培训体系本身难道能够持续地培养出既懂得人生微妙之处，又能理解社会病理的专业人士吗？

参审员制度“强制性”地动员普通市民进入法庭，不仅让其参与刑事案件中有罪还是无罪方面的定罪判断，而且还让参审员进行量刑方面的判断，这的确属于“国民司法参与”。但是，观察审判之前的阶段可以发现，在警察和检察官针对刑事案件嫌疑人所进行的侦查过程中，其透明化则迟迟未获进展。将设置于警察署的留置场所作为“代用刑事设施（代用监狱）”使用的问题也未得到更正。此外，在进行量刑判断的过程中，究竟如何向参审员提供帮助和辅佐，同样难以明确化。如果职业法官在法庭中单方面主导庭审，则“参与”就往往变为名义上的了。从2008年12月开始，刑事案件审理中诞生了被害人法庭参与制度。被害人及其家属等人可以与律师一同坐在检察官席位一方，有权单独就量刑提出要求。无论如何，在要求作为门外汉的参审员究明客观的案件事实方面，这些制度必定会产生一定的影响。包括审判前阶段改革在内，在国民对刑事审判的参与上，还没有达到能够断言已进入实质性阶段的程度。

如果说所谓“国民司法参与”原本就限定于重罪刑事案件法庭的参与，肯定不具有说服力。在讨论如何学习欧美国家的参审制和陪审制以建立市民参与制度的阶段，当时较为强烈的主张是在民事案件法庭中设立“参与”制度。但此后却一下子转为刑事法庭的“参与”制度，其最大的理由是“因为这是社会关注度高的案件”。因此，目前这些已经成为现实制度的司法“改革”，其实际情况必定会成为今后学术界和媒体追寻、探究的对象。

（四）未成焦点的司法行政改革

在《意见书》所提出的司法制度改革内容中，有一个地方“完全”没有被触及，这就是以最高法院及其事务总局为顶点的司法行政机关的改革。相关详细内容将在本书的后述部分阐明。需要指出的是，这里不仅限于最高法院，所谓法院，是由媒体在报道有关审理情况和判决时提到的“审判部门”，以及媒体基本触及不到的“司法行政部门”所组成的。其中，尤其是最高法院事务总局，其实质上“独掌”司法行政，承担着制定最高法院规则，编制和实施司法预算，决定法官的任命、调动、升级、报酬等工作。当然，《意见书》中也提到“法官制度的改革”，指出了改革要做到供给源多元化、国民参与法官任命程序、法官人事评价透明化等多项目标。

在接受《意见书》之后，最高法院于2003年就法官任命程序中的国民参与事项，设置了下级法院法官提名咨询委员会。或许一般人并不知道这些情况，设置这个委员会的目的在于任命或者再任命法官之时，该委员会能接受最高法院的咨询，判断相关任命是否合适。

下级法院法官提名咨询委员会是由1个中央委员会和设置于各个高等法院所在地的8个地域委员会所组成的。中央委员会中有11

名委员(法曹委员5名、非法曹委员6名),地域委员会由5名委员(法曹委员3名、非法曹委员2名,必要时委员人数可以增至最多10名)组成。

在制度上,职业法官自司法修习生被任命为助理判事之后,通常在10年后被任命为判事,此后则每10年被再任命一次。最高法院会向提名咨询委员会提出司法修习生中的助理判事申请人以及判事任命和再任命申请人的名单。名单上不添附任何意见。咨询委员会在综合各种信息的基础上,对任命或再任命申请人适用听证等程序后,向制作法官提名名单的最高法院表达予以任命或再任命是否合适的意见。如果最高法院不同意咨询委员会的判断意见,则必须将相关理由通知该委员会。同时,如果未获得最高法院提名的申请人本人提出请求,最高法院则必须公开相关的理由。

提名尽管只是针对下级法院的法官,但设置提名咨询委员会这一制度本身,可以说在打破一直以来具有封闭性的司法行政制度方面,无疑前进了一步。最高法院已经无法如处理青年法律家协会(青法协)事件(本书后面将提到)那样,以法官的思想和信念为理由拒绝任命和再任命了。部分开放人事档案,对人事评价也起了一定的抑制作用。但是,尽管拒绝申请人任命或再任命的理由可以向本人公开,但对此的投诉以及再审理申请尚未制度化。

与此相关的是,自接受《意见书》的2004年开始,法官的人事评价也启动了新的制度。地方法院和高等法院的院长以及高等法院院长所作的法官个人的人事评价书,如评价者本人提出请求,则应予以公开。但是,有关调动(调动至其他法院)和加薪方面的人事信息,则不得向该法官本人公开。与此相关的下级法院法官提名咨询委员会以及新的人事评价制度运用方面的内容,将在第三章中详细讨论。

为了实现三权分立的政治原则,战后的司法改革把隶属于司法大臣的司法行政机关分离出来,确立了以最高法院为顶点的司法制度。战后日本的法院体系,由位于最高法院之下的高等法院—地方法院、家庭法院,以及处理轻微案件的简易法院组成。在法律制度上,不仅仅是法官“独立与自治”的地位得到了明确规定,以最高法院为顶点的各级法院的独立性也得到了保障,其相互关系并不是行政机关之间那样的金字塔形阶层管理结构。不仅如此,在法院之内,各个法院的院长也没有司法行政方面的决策决定权。决策由法院所辖的法官组成法官会议经合议之后决定。

但是,司法行政制度中法官的“独立与自治”,各级法院的“分权与自治”则完全处于形式化状态。最高法院掌控着各级法院法官的任命和再任命提名、薪酬、院际调动、院长和审判庭庭长(或审判长)任命等人事方面的权限,建立起了与行政机关类似的官僚结构体制。不仅如此,最高法院还如同行政机关对于下级机关发出通知、指导、建议之类的指示那样,对下级法院的法官传送司法解释方面的见解。

尤其值得注意的是,尽管下级法院法官的人事事项的决定权由最高法院掌握,但作为最高法院决策机关的最高法院法官会议,事实上并不进行实质性的审议,而只是形式性地批准由最高法院事务总局制订的初步方案而已。

指出上述问题的,已经不限于部分媒体的报道,在由在职法官组成的全国法官恳谈会和日本法官网络上,以及从律师中被任命为最高法院法官出版的《回忆录》中,同样可看到对此方面的反映。

尽管如上所述,司法改革设置了任命下级法院法官的咨询委员会,但对于司法行政机构的结构,尤其是拥有强大权限的最高法院事务总局今后的走向，以及各级法院法官会议的“复权”问题，起着最为重要作用的司法制度改革审议会却基本未将这些纳入议题之中。如果“国民易懂的司法”、“国民便于使用的司法”和“国民参与的司法”确实成为司法制度改革的基调，那么，改革一定会剑指以最高法院事务总局为顶点的司法行政机构，将这个被称为“黑箱”甚至“伏魔殿”的现实体制改造成透明的机构。

二、战后司法改革实现的事项

（一）围绕《宪法》第六章的盟军最高司令部与日本

1947年8月4日，首任最高法院院长三渊忠彦（庆应义塾大学讲师、原大审院判事）与14名判事一同接受天皇的任命和认证，自此，最高法院开始起步。与战前隶属于司法省的大审院的不同之处是，最高法院的象征是其完全独立于行政权。最高法院在从事民事诉讼审判和刑事诉讼审判之外，还被授予了行政诉讼的审判权。不仅如此，最高法院还拥有立法违宪审查权，可以对国会制定的法律是否符合宪法进行判断，因此对立法机关也具有制衡力。

居于盟军最高司令部（GHQ）核心位置的是美国。早在日本战败之前，美国就开始构想如何对日本司法制度进行改革。正因为如此，在占领日本之后，盟军最高司令部就起草了《宪法》中的司法条款并要求日本政府予以落实。D.J.丹尼士在其所著的《最高法院的诞生》一书中，就详细记载了对《宪法》修改中司法条款的形成，为改变战前《法院构成法》的制度而制定《法院法》，以及最高法院判事的选任等事项。

日本《宪法》的第六章“司法”由第76条至第82条7个条文构

成。这些条文是盟军最高司令部与日本方面经过不断重复交涉后的产物。盟军最高司令部承担宪法中司法条款起草工作的是M.E.罗威尔中校和A.R.赫西中校。在盟军最高司令部与日本方面的交涉过程中,大多数争议最后都依从了美国的主张,但也有因日本方面的抵抗而导致美国让步的条款。这些主要争议可归纳为以下六点。

(二)交涉的争议要点

第一,针对盟军最高司令部草案中规定的司法理念为“强大独立的司法机关是国民权利的堡垒”这一表述,日本方面要求删除此规定。日本方面认为“堡垒”的比喻无法翻译,对此,丹尼士接受了此理由。但果真只是出于这个原因吗?总之,美国方面最终删除了这个词汇,其结果是《宪法》第六章中没有规定这一理念。

第二,日本方面要求删除禁止授予行政机关终局性司法权的条款,美国方面则拒绝接受此主张。双方交涉的结果是,《宪法》第76条第2款规定,禁止设置特别法院和行政机关不得作出终审裁判的规定。

第三,日本方面提议的最高法院规则制定权规定欠缺具体性,尤其是没有明确规定检察官须服从最高法院的规则制定权,因此,美国方面拒绝了日本的提案而直接使用了自己的方案。《宪法》第77条就明确规定了这项内容。

第四,日本方面删除了盟军最高司令部草案中规定的法官不受行政机关惩戒的内容,改为“法官如非因刑罚宣告、弹劾法院宣判或惩戒处分,或者身心障碍之理由,依据法院的罢免判决外,不受罢免”。美国方面提出了如现行《宪法》第78条所见的那样的草案内容,妥协为:因身心障碍,由法院经宣告予以罢免。

第五，日本方面主张删除盟军最高司令部提案中关于最高法院法官的任期规定，即“未因罪受罚且未满70周岁”的规定，建议不对任期设置限制。对于法官的薪酬，日本方面还提出“根据自愿、惩戒或处分以及其他法律的特别规定，可以减薪”的建议。对此，美国方面则坚定地拒绝接受日本方面的修改方案，仅仅接受了删除“未因罪受罚”的建议。当时，美国方面主张最高法院法官的退休年龄由宪法规定，此后，法律（《法院法》）具体规定了这项退休年龄。《宪法》第79条和第80条设置了法官的身份保障的规定，其内容不仅仅适用于最高法院的法官，而且覆盖了全体法官。

第六，盟军最高司令部方面与日本方面围绕象征着战后司法独立的最高法院违宪立法审查权（《宪法》第81条）展开的争议，与其说是双方之间的对立，不如说是双方在寻求相互理解和意见统一。盟军最高司令部草案赋予最高法院违宪立法审查权，可以宣布侵害人权的法律、法规规章、规则或处分违反《宪法》。但对于其他事项，国会可以通过三分之二以上的表决，推翻最高法院司法审查的结果。日本方面尽管照着盟军最高司令部草案的原样作了翻译，但是，在与赫西等人协调时，日本方指出美国和欧洲各国的议会均不拥有能推翻司法最终审查的权限，最高法院应该握有所有案件的最终审查权。赫西等人接受了日本方面的这项建议。由此，最高法院对全部法令都拥有违宪立法审查权，获得了宪法上的保障。据说对最高法院最终审查权设置限制，原本只是任职于盟军最高司令部民政局的凯迪斯上校提出的意见。

通过上述这些内容可以知晓，战后司法改革的理念已经明确体现于《宪法》中，这就是，象征着与战前时期司法断绝脉络的司法权独立，以及对行政机关和立法机关的抑制。

（三）法院制度与法官的任命权

新宪法颁布之后，1947年制定的《法院法》替代了战前的《法院构成法》。《法院法》详细地设置了司法制度以及司法行政制度的具体内容。《法院法》最初方案起草的主导者是曾在德国纳粹政权建立之前从事过法律工作，后来到美国的A.奥普拉。当时，奥普拉在盟军最高司令部担任立法和司法课课长。《无名不显形的司法》一书作者D.H.福特认为，正是因为日本司法采用了战前德国的模式，所以奥普拉才能清楚地认识到日本司法制度的欠缺和长处。

《法院法》设置了以最高法院为顶点，以高等法院—地方法院为下级法院，以及承担家事审判和少年审判的家庭法院和承办轻微案件的简易法院构成的法院体系（见图1–1）。

《法院法》建立起了各级法院法官的人员员额和退休制度。最高法院由包括院长在内的15名法官组成，下级法院的相关制度由其他法律（《法官职员员额法》）另行规定。在宪法草案时期，最高法院判事的退休年龄由法律规定为70岁，下级法院的法官经10年任期接受再任命之后，高等法院、地方法院和家庭法院判事的退休年龄为65岁，简易法院判事的退休年龄为70岁。另外，该法律还列举规定了各个法院判事的任命资格。

《宪法》第6条、第79条和第80条规定了法官任命权的基本制度。最高法院院长经内阁提名后，由天皇任命。最高法院的判事由内阁任命，并经天皇认证。其他的下级审法院判事，则由内阁根据最高法院提名名单进行任命。但是，高等法院的院长由天皇认证。

从上述内容可以看到，内阁拥有强大的对最高法院院长、最高法院判事，以及下级法院判事的提名和任命权。最高法院院长的提名

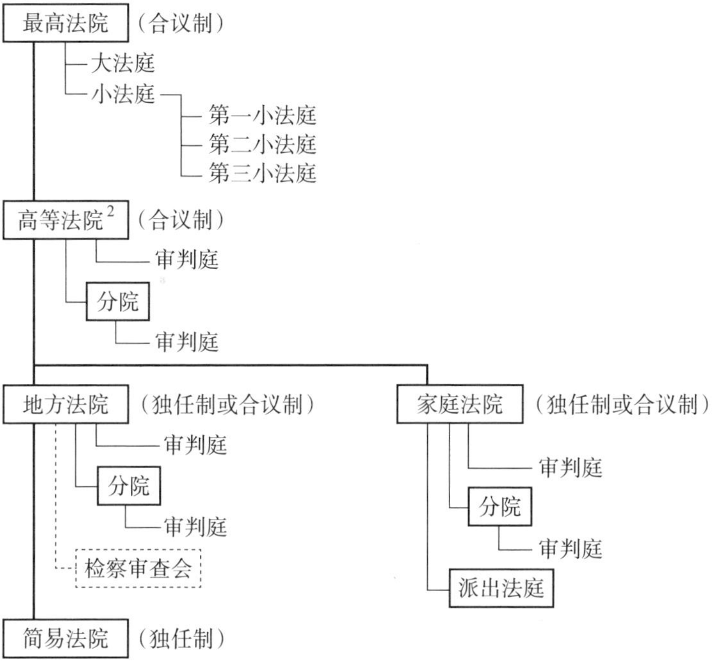

图1-1　法院结构图[3]

事项，时常会被质疑存在“政治介入司法”的问题。另一方面，最高法院为了维护“司法独立”，也不断强化事务总局的组织体系。这也因此导致在防治“政治介入司法”的同时，引发了司法与行政权的“同调”或“司法的政治化”问题。本书将在后面部分介绍有关这方面问题的具体内容，这里可以看到的是，《法院法》制定之时的立法意图在于，通过受国会高度信任的内阁来赋予司法权威性，以此作为法官拥有高度独立性的基础。

2　在东京高等法院中设置有知识产权高等法院。

3　最高法院编：《法院数据汇编2008年版》(『裁判所データブック2008』)，案例调查会。

由此可见,《法院法》通过上述方式将《宪法》中关于司法的条款进一步作了具体详细的规定。但是,自当初开始直至今日,《法院法》中一直存在着有关制度特征的三点争议。

(四)法官会议与事务局

第一点争议涉及司法行政事务及其责任主体。《法院法》并没有明确规定什么是司法行政事务,但是就其内容而言,尤其是就最高法院而言,司法行政事务表现为法官的任命和再任命、待遇事项的人事事务、法院规则制定、预算和财务管理事务,这占据了司法行政的中心部分。在高等法院、地方法院和家庭法院中,占据中心部分的也是人事事务(包括工作评定、法庭组织结构在内),只是程度不同而已。对于这些司法行政事务,《法院法》规定由全体判事组成的合议组织法官会议行使决策权。最高法院法官会议由院长担任议长,高等法院、地方法院和家庭法院则由各自的院长担任法官会议的议长。

值得指出的是,法官会议才最具有与战前“断绝”脉络的象征意义。战后的司法改革最重要的出发点是建立在每一个法官“自立”与“对等”的理念之上。法官之间如果存在着身份序列或者“上命下服”的关系,公正的审判就无法获得保障。而且这种制度性要求不仅仅针对审判部门,法官的人事以及法院运行方面也获得同样的保障,由此才能开启与战前的司法行政体制(以司法省为顶点的对司法实施官僚统治之体制)的告别之路。各级与各个法院中尽管都设置了院长的职位,但从司法行政的角度而言,法院并不是由院长担任决策决定权者的独任制机关,而是与会计检查院、人事院以及其他行政委员会相同,属于合议制机关。

为了辅助最高法院以及各个下级法院的司法行政工作,最高法院于1947年设置了一个小规模的事务局。但不久后，最高法院就在1948年将该事务局改称为事务总局。其实变换的不仅仅是名称，组织本身也在寻求自身的扩张发展。

在上述部分曾提到，最高法院掌握着下级法院判事的提名权。另一方面，最高法院的判事并非仅由职业法官组成。有关这方面的内容将在后述内容中详细解说，这里需要提到的是，在全国法官恳谈会的会议记录中可以阅读到的发言曾提到，法官的人事权实质上被掌控在曾任事务总长的最高法院判事以及事务总长、人事局局长等司法行政官僚的手中。如果事实真是如此，那么这就理应可以判断出司法行政责任主体的最高法院法官会议已被“形骸化”，司法行政在整体上被纳入最高法院事务总局的“支配”范围之内。当然，《法院法》立法之初并没有预想到会发生这些结果，而这些结果的出现也正是必须关注战后司法行政运行的原因所在。

（五）助理判事制度的导入

第二点争议涉及助理判事制度。《法院法》仿效战前的预备法官制度，建立了助理判事制度。《法院法》在任命法官方面，自开始就没有以法曹一元化为制度前提，而是采用了职业主义的任命方式，即从司法修习毕业者中任命能够成为职业法官“种子”的助理判事。当初支撑着战后司法法官任命标准的，是担任大审院判事或具有10年以上任职经历的法曹，与此同时也建立起了10年任期制度。换而言之，法官的任命制度是助理判事的任职期限为10年，然后被任命为法官，此后每10年一次在被判断合适后予以再次任命。

助理判事制度的立法主旨在于给予“法官的候补者必要的训练”。但是，第二年（1948年），为了应对不断增加的诉讼案件和判事人数不足的问题，制定了《助理判事职权特例法》。该法律规定，经最高法院指定后，5年以上在职的助理判事可以不受职权的限制，与判事一样可以承担诉讼实务。虽然当时这项措施只是被设定为“暂时”之举，但正如法律普遍显示的那样，该制度已经半永久地持续了60年。这就意味着在审判现场，助理判事实际上指挥着诉讼。

本书的后续部分将详细叙述助理判事在司法行政上存在的问题，但这里已经可以看出，不可否认的是，问题出在将职业法官供给源制度化，即将法官本身的供给源固定化。不仅如此，如同行政官僚制中的干部后备人员那样，还可看到制度中精英司法行政官僚的供给源。

（六）预算权的“独立”

第三点争议涉及预算权制度。司法独立于行政机关，这是当然的制度前提，《法院法》第83条第1款规定“法院经费必须独立编入国家预算”。一方面，《财政法》规定最高法院院长拥有独立的预算概算要求权限，其与众议院和参议院两院议长、会计检查院院长相同，每个年度应向内阁交付有关年度收支、跨年度经费、结转核定经费、国库债务负担行为的概算报告。同时，在内阁与最高法院的关系上，还设置了这样的规则：内阁在就政府整体的年度收支预算和债务负担行为等事项作出决定之时，应事先听取最高法院院长关于该决定的意见。《财政法》还进一步规定，当内阁要削减最高法院提交的年度支出估算时，必须在年度收支预算中明确记载与提交内容相关年度支出估算的详细内容。与此同时，如果国会对年度支出额度作出修正，必须明确记载已经准备的必要财源（《财政法》第18条第2款、第19

条）。这种一般被称为“二重预算”的预算制度，基本上保障了最高法院拥有预算权。

最高法院是否充分有效地使用了《法院法》《财政法》中关于司法机关预算方面的规定，这是问题所在。在战前，由于司法省占据着行政管理机构体系中的一角，法院居于其下，司法省无论如何都能与拥有预算考核权的大藏省（现为财务省）“对等”交锋。但是问题在于，在战后，法院是否有效地使用了“二重预算”规定，朝着开放的司法作出了充分的努力。法院脱离司法省取得独立，这当然是值得欢迎的制度建设，但是，正因如此，以最高法院为首的司法机关应该不断向市民确立起司法的权威。若非如此，则支持司法预算的团体最多只是律师界而已，最高法院难以建立起与大藏省的对等关系。

司法预算的大部分内容属于人员费用。司法预算方面的“萎缩”，则很可能与司法行政方式，即被限定于人员费用之中的人事管理紧密相关。

（七）事务总局“支配”的潜在性

从上述内容可以观察到，战后司法改革具有“划时代意义”这一认识本身并无争议，但就司法行政的决策系统而言，导致最高法院事务总局“支配”走向实质化的制度条件，可以说自始就已经形成，并于1957年，即任期届满10年的下级法院判事迎来第一次再任命的时候显现出来。

因此，值得深究的问题是，所谓的最高法院事务总局，究竟具有什么样的组织结构？由什么样的人才支撑着？司法尽管独立于行政权和立法权，但司法行政并非独立于政治的“孤垒”，因此不能不关注司法行政的组织与运行的问题。

三、最高法院事务总局是什么机构

（一）从最高法院事务局到事务总局

法院是由自最高法院至下级法院中的各个审判部门，以及司法行政部门所组成的组织。最高法院中的审判部门是由以院长为审判长的15名判事组成的大法庭，以及分别由5名判事组成的第一至第三小法庭。

《法院法》第10条以及《最高法院审判事务处理规则》详细规定了诉至最高法院的案件哪些该由大法庭审理，哪些属于小法庭审理。由大法庭审理的主要是下列案件：① 判断法律、行政法规规章、规则、处分是否符合《宪法》的案件；② 小法庭的法官两种意见对立，且人数相同的案件；③ 小法庭审理中认为该由大法庭审理的案件；④ 有关法官身份变化的案件（最高法院判事和高等法院判事的案件，一审终审；其他法官的案件，作为高等法院审判的上诉审）；⑤ 人事院人事官的弹劾案件；⑥ 下级法院根据《人身保护法》审理的人身保护案件，最高法院认为该由其自身审理而发出提审命令。除此之外的案件则由小法庭审理。

另一方面，如上述内容所示，最高法院法官会议属于最高法院的司法行政部门。因此，最高法院事务总局是辅助和辅佐最高法院法官会议的司法行政工作机构。最高法院于1947年8月起步之时，设置了被称为事务局的机构。该机构是在事务总长—事务次长的领导下，由秘书课、人事课、会计课、涉外课、民事课、刑事课和法务课这七个课组成的小规模组织。但第二年（1948年）12月，最高法院实施机构改革，废除了事务局而设置了事务总局。该项机构改革起因于当时的政治状况。

当时，以最高法院为顶点的司法机关在与盟军最高司令部、内阁，以及与国会的关系上，紧张程度不断加剧。例如，1948年1月，担任片山哲内阁农林相的平野力三，因社会党内部的对立、矛盾而被罢免，其间又被开除公职。平野遂以片山首相为相对人，向东京地方法院提起身份维持的假处分申请。东京地方法院支持了平野的请求，判决开除公职决定无效。但盟军最高司令部和内阁理所当然不能接受这样的判决。

与此同时，1948年5月，参议院司法委员会基于国政调查权，作出了“关于对法官在刑事案件中存在的不当处理等事项的调查”决议，开始对尚未作出确定判决的五个案件进行调查。最高法院对此予以反击，认为这是借国政调查权之名行干预司法之实，由此与参议院司法委员会形成了对立关系。

对于最高法院来说，发生这样的事态意味着司法权的独立已处于“危机”之中。因此，最高法院实施机构改革，将事务局变为事务总局，其设想是通过扩充司法行政部门，强化其对作为最高法院决策机关的最高法院法官会议的辅佐作用，达到实质性地保持司法权独立的目的。换言之，在与立法机关和行政机关的竞争之中，最高法院认为必须建立起能够替代战前司法省的司法行政机关体制。从牧原出的研究中可以明显地知晓，作为司法行政机构体制的最高法院事务总局建立于1957—1958年间。1957年，即战后司法起步10年后，正逢判事再任命的时候。当时，最高法院建立起了跨地域的判事调动人事系统，这意味着事务总局“确立”了对下级审法官的人事权。

（二）事务总局的组织结构

现在的事务总局的组织结构如图1–2所示，由事务总长—事务次长（有时不设此职位）以及所辖的三课七局组成。在事务总局的内部组织之中，局的编制自1948年创设以来一直没有变化。但是，由事务总长直接管辖的课，在组成上则发生过一些变化。在事务总局起步的时候，这些课包括秘书课、涉外课、讼庭课和信息课。但到了1953年，改设秘书课和信息课两个课，讼庭课“升格”为讼庭部。1964年，课的体制则进一步改为只设秘书课和宣传课两个课，废止了讼庭部。在2006年，又改为秘书课、宣传课和信息政策课三课体制，并维持至今。

一方面，60多年来，局内部课的编制在整体上没有大的变化。尤其在根据诉讼案件领域类别编制的民事局、刑事局、行政局和家庭局（这些为案件局），自设立以来内部都是第一课至第三课的三课编制。总务局、人事局、经理局（这些为官房系局），也只有极其微小的变化，至今基本上保持着原来的体制。

最高法院事务总局中的职员人数为760名。但在后续部分将详细说明的是，事务总局的干部之中的大多数职位，以及作为后备干部的“局付”职位，则由职业法官占据。除此之外的职员职位，由法院职员考试合格后被录用的事务官担任。依照《法院法》的规定，包括事务总长在内的事务总局的职员职位，属于“法官以外的职员”，全部“由事务官担任”（《事务总局分课规程》之规定），但1950年发布的最高法院规则《关于司法行政职务的规则》设置了如下的“特例”。

1. 管理司法行政事项的审议、立案以及其他司法行政上事务的职位之中，经最高法院指定的职位，由判事或者助理判事担任。

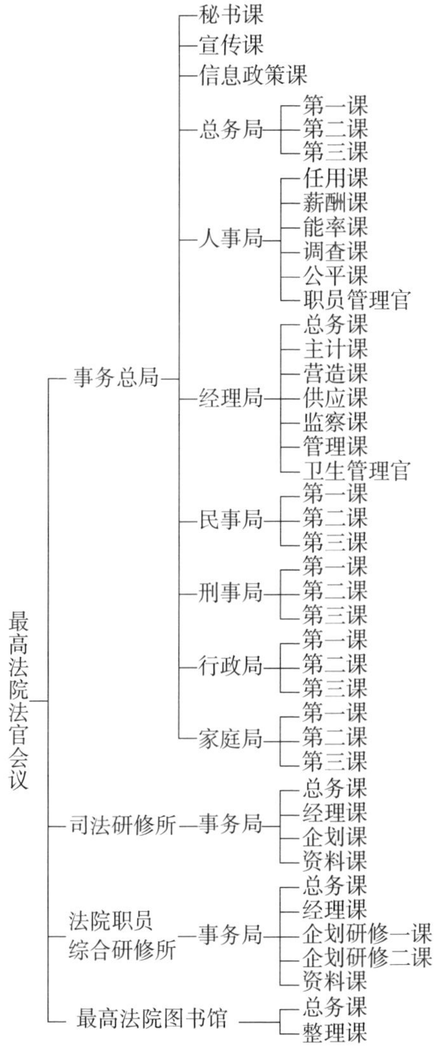

图1-2　最高法院事务总局组织结构图[4]

4　最高法院编:《法院数据汇编2008年版》(『裁判所データブック2008』),案例调查会。

2. 担任前款规定职位的判事或者助理判事，由最高法院任命。

在1950年最高法院规则制定之前，法官如进入事务总局任职，须暂停法官身份，成为事务官。但是，因身份变化，薪酬也相应变为事务官待遇，由此造成了事务总局人事制度方面的障碍，这就是制定最高法院规则的原因。但是，就实际结果而言，这项措施在事实上强化了最高法院对司法行政机构的布局。依照该项规则，事务总局中的干部以及作为干部后备人员的局付在担任事务总局的职务时，都同时保持着法官的身份。

（三）事务总局的功能

事务总局的功能定位为辅佐最高法院的全部司法行政事务，可分为以下6个大类。

第一，制作最高法院规则和规程的事务。当然，规则、规程的决定权属于最高法院法官会议，事务总局承担着向法官会议提交规则和规程草案，以及这些规则和规程通过之后的公布事务。

第二，与法务省就有关法律、政令制定方面的事项进行交涉和协调的事务。最高法院无权向国会提交法律议案。掌有法院的组织制度、运行以及诉讼程序等方面的法律议案提出权的，是法务省和内阁。因此，事务总局需通过与法务省的交涉和协调，表达最高法院的意见。其中与内阁的关系尤其重要，因为内阁设有属于法务大臣管辖的咨询机构法制审议会。法制审议会可以审议各种对既存法律制度提出的修改建议，回答法务大臣的咨询问题。此外，小渊内阁所设置的诸如司法制度改革审议会之类的咨询机构，也能以意见书等形式向首相提出大规模法律制度改革的建议。由此可知，尽管从一定意义上来说，最高法院在法律制度改革中居于“被动地位”，但仅就在法案中反映司法方面的意见而言,事务总局能够因此“问鼎轻重”。

第三,事务总局的“权力”中枢可以说是其人事功能。这项功能所涉广泛,包括提名法官候选人、决定法官的补职(人事调动)和薪酬等事项,以及法官以外职员的任命、补职、工资、服务、研修等事务。

第四,有关预算方面的功能。根据前面提到的“二重预算”制度,决定法院的预算要求方案,与财务省就此进行交涉以及执行批准的预算。

第五,召集法官会同会或法官协议会。事务总局时常根据所遇问题的情况,召集高等法院或地方法院以及家庭法院的院长,或者另外召集民事、刑事、行政诉讼等相关法官,就制度运用或法令解释进行协调。这种进行协调的会议就是法官会同会或法官协议会。这种会议也同法官的人事制度一样,被认为存在许多问题(这方面的内容将在第三章中阐述)。法官会同会或法官协议会分为由最高法院主持的和由高等法院主持的两个类型。最高法院主持的法官会同会或法官协议会上讨论的主题既有与司法行政整体有关的事项(例如建立参审员制度的准备工作、法官人事评价的方式等),也有与刑事、民事、行政和家庭局各局紧密相关的法律解释或诉讼指挥事项。

第六,调查研究国外相关审判制度,分析研究各级法院中的判决、检察官或律师的主张、律师界的动向,以及收集和整理与此有关的资料。

如果将事务总局的组织和功能与行政机关进行对比,那么事务总长直接管辖的秘书课等三课以及总务、人事和经理三局相当于行政机关中的中央省厅的大臣官房。这三课与大臣官房系统相同,承担着组织维持管理的功能。另一方面,刑事、民事、行政和家庭各局,对应各个审判领域,对下级审起着指导、建议和监督的作用,如同条线管辖组织体系中制作相应规范的行政机关的局。

（四）审查室会议与事务总局会议

在事务总局中居于决策中心地位的，是审查室会议和事务总局会议。但是在事务总局的组织体系中，并不存在被称为审查室的正式组织。

审查室会议由秘书课课长担任议长，成员是各个局第一课的课长，每周一召开。司法行政的重要事项都须在审查室会议中经过审议。被审议的事项包括最高法院规则或规程的草案、法官会同会或法官协议会的召开计划，以及一定时期的预算等。审查室会议在审议过程中同时也会交换各个局之间的信息。与此相对应，事务总局会议则由事务总长主持，局长和秘书课课长出席，于每周二，即在作为例会的最高法院法官会议的前日召开。事务总局会议的议题是经审查室会议讨论过的有关规则和规程草案、法官会同会和法官协议会召开计划等事项，此外还有将要交付最高法院法官会议审议的下级法院法官的人事管理事项等重要内容。未经审查室会议和事务总局会议的审议，各个局不得将有关事项直接提交至最高法院法官会议。

如果将这个决策程序与内阁即行政机关的相关程序进行比较，那么最高法院法官会议作为司法行政的最高决策机关，具有内阁的地位，事务总局或许相当于事务次官会议。在内阁例会（每周二和周五）前一日，召开的事务次官会议承担着协调次日提交内阁审议的各项议案的工作。就此意义而言，事务总长相当于主持事务次官会议的内阁官房副长官（事务类公务员）。

内阁方面不存在相当于审查室会议这种协调国家行政机关府省

之间事项的组织方式。可以观察到的是，在最高法院中，事务总局会议和审查室会议实质上承担着事务总局的决策功能。如果将这种组织模式与行政机关的府省作比较，那么类似的应该是形成于旧通产省并延续至今的组织模式。事务总局会议和审查室会议相当于居于决策程序中心地位的经济产业省法令审查委员会。该法令审查委员会由大臣官房文书课的课长主持，由各局的课长和首席课长助理组成，以审查法令方案为基轴展开工作，实质性地支配对该省所作的决策。

总之，在上述日常化的决策程序中，对于最高法院法官会议有关司法行政的决定，事务总局无疑具有极大的影响力。

四、“司法官僚”——身着法袍的行政官

（一）“官僚司法”与“司法官僚”

在日本，长期以来一直存在着批评审判活动为“官僚司法”的各种声音，但批评所表达的内容并不相同。例如，当原被告或律师无法在法庭上将意见传达给法官时，有时也会出现这种焦虑性的表现方式。但是，法官的这些超越“感情”的判决，大致上也不会与受到独立保障的法曹的判断相一致，因此，这里的“官僚司法”也通常是在套话的意义上被使用的。所谓“官僚”这个概念，原本为咒语，当其被纳入批判的文脉之时，就会越来越变成多义词汇。

但是，要求法官坚守职业伦理，希望法官成为“只遵从法与良心就能作出合理判断的强人”（新堂幸司语）虽然具有正当性，但法官在作为司法机构的组成人员的同时，也还是具有活生生肉体的人。因此，期待获得晋升，在调动职务或调动工作地点时能够尽量不对个人或家庭生活造成大的变动，这些想法与其说是法官，倒不如说是每一

个人都理所当然拥有的感情。

但是，日本法官网络的主要成员伊东武是指出，在日本的司法之中替代服务监督的，是对法官采取调动工作地点，不予再任命、提薪或审判庭庭长（或审判长）提名等多种"敲打"手段。伊东认为，只要司法行政中明显存在着"机密与专断"，就会滋生出使法官自身的行动或判断迎合"上级"判断基准的"官僚性气质"。

的确，可以说"官僚司法"批评的根本所指，是法官行动中的"傀儡性"，即欠缺主体性，不断地留意着"主人"的言行举止，并努力使自己与之相符。在这种情形中，究竟谁是"主人"便成为关键问题。战后的日本，"主人"已不是司法省及其高级干部了，"主人"在司法机构内部。在当下，最高法院事务总局替代了过去的司法省，对法官作出任命和再任命、调动和晋升等人事管理、审判的运行、法解释等方面的建议和指导，掌握着"绝对强大"的权限与权力。因此，所谓的"主人"就是最高法院事务总局，就是掌管这些权力的司法行政干部。这里触及的现实是，在约3 500名职业法官之中，存在着由一群应该被称为"司法官僚"的人组成的集团。（法官总人数2007年10月1日为3 491，其中减去简易法院判事后为2 685。此数据来源于《法院数据汇编2008年版》。）

（二）司法官僚究竟是谁

本书标题所称"司法官僚"，是指自最高法院至最下级法院的司法行政机构中居于核心位置的官僚制干部，更具体而言，是指属于以下四个范畴的职业法官。

第一，最高法院事务总局中，在被称为事务总局官房的秘书课以及总务局、人事局和经理局等部门中从事法官人事管理和评价、规则草案制订、预算案编制事务，或者在民事、刑事、行政和家庭各局中承担对下级审进行指导和建议的职业法官们。这个范围内的职业法官，才是真正居于“司法官僚”中枢位置的人。

第二，高等法院院长、最高法院事务局长、地方法院和家庭法院的院长。他们在承担所属法院内法官的人事评价、调动、晋升、事务分担等司法行政事务方面，与最高法院事务总局有密切的联动关系。而且这些人都拥有曾在最高法院事务总局工作的经历。因此，可以认为他们是司法官僚中具有实力的成员。

第三，最高法院中隶属于审判部门的调查官。为何将调查官也归入“司法官僚”的范畴？在此稍稍作些说明。调查官的名字并不会出现在有关最高法院判决的媒体报道中，他们被配属在最高法院的审判部门中，“接受法官的命令，从事与审判相关的调查事务”（《法院法》第57条第2款）。调查官的总人数会有变动，30人左右，分别配属于民事三室、行政一室和刑事三室。在首席调查官之下，分别设置了负责民事、行政和刑事事务的高级调查官职位，领导其下属的调查官。调查官实际的工作分为两项：其一，根据最高法院判事的具体指示，调查与法令、判例和法解释相关的学说等事项；其二，即使无最高法院判事的指示，也可调查其认为必要的事项。尽管调查官不被允许发言，但自1973年就任最高法院院长的村上朝一的时代开始，他们也参加协调大法庭或小法庭中相关案件判决的法官合议活动。

调查官职位的设置，源自战后的司法改革。当时日本借鉴美国联邦最高法院的大法官助理制度，在《法院法》中建立了这种制度。美国联邦最高法院的大法官助理是由尚无法曹资格的、从法学院毕业的年轻人担任，承担的是最高法院大法官的辅助业务。但是，日本从一开始就没能建立起美国那样的大法官助理制度。因此，当1949

年《法院法》修改之际，该法律的附则中追加了三条内容，规定“当有特别需要时，可以由法官充任”调查官。自此，开始了任用拥有10年以上职业法官经历的人员为调查官的制度。

调查官们在斟酌法官合议状况的基础上，为法官制作判决所必要的资料，提出相关的学说等方面的建议。由于可以推断出调查官所做的判决预备工作具有影响判决方向的作用，因此审判有时也被称为“调查官审判”。对最高法院的这种嘲讽是否合适，尽管存在不同看法，但如果从在最高法院判事组成上须维持职业法官、检察官、律师、行政官和学者之间微妙平衡的角度看，调查官所做的是否真如文字所表述的“助理”工作，则是有疑问的。总之，最高法院的判例只要拘束下级审法院，那么调查官就可归入司法官僚的范畴之内。

下一章会具体介绍调查官的职业情况，这里先要指出的是，调查官始终属于精英法官。其中有些人甚至无须在最高法院的审判部门积累经历，而是与第一类的司法官僚相同，在担任了司法行政部门干部之后就出任高等法院院长，其中还有人担任了最高法院的判事之职。就此而言，他们也是司法官僚。

以上用了稍长的内容解说了调查官的情况。第四，被称为最高法院事务总局“局付”的司法官僚后备人员。相关内容将在下一章中详细介绍，这里需要指出的是，这些人在助理判事阶段就被任命为事务总局中各局的“局付”，其中许多人走上的是从第一类至第三类的司法官僚之路。

（三）“支配”法官会议的司法官僚机构

如前所述，战后司法改革以及由此催生的《法院法》，规定了各级法院的法官会议为司法行政的决策机构。不仅如此，在法官会议中，作为成员的判事在评议表决时具有平等的权利，经合议方式作出决定（《法院法》第12条、第20条和第29条）。因此，即使是身居院长之位的判事，在从事司法行政工作时，对其他判事也不具有指挥和命令权。

然而，现实情况恰恰是，在居于顶点的最高法院事务总局以及高等法院—地方法院的事务局之中，已经全面建立起阶层制的司法行政机构。最高法院法官会议、高等法院以及地方法院的法官会议同样如此，可以说，从一开始，各级法官会议就受到司法行政机关实质上的“支配”。作为下级法院的高等法院院长和地方法院院长成为最高法院事务总局上意下达系统中的重要环节，并以此对所属的法官和职员行使指挥命令权。

以事务总长和局长为首，在最高法院事务总局中担任司法行政职务的职业法官共有26名。调查官的总人数因情况会有变化，通常约有30名。局付因年度的变化而不同，一般在20～23名之间。此外再加上高等法院院长和高等法院事务局长分别有8名，地方法院和家庭法院担任院长和事务局长职务的有100名。相较于约有760名职员的最高法院事务总局，这些司法官僚属于极少数。

这里所称的司法官僚，其身份与约3 500名职业法官完全一致，都是司法考试合格者，都经历了司法研修所的研修，此后都被任命为助理判事而开始职业法官的生涯。在行政机关的中央省厅中，暂不论好坏，在录用阶段就设置了针对官僚制后备干部开设的“入口选别”系统，但司法行政方面则并无此类制度。因此就这一方面而言，在司法官僚的录用上，存在着严重的不透明问题。只要司法行政职位的任命基准和制度不透明，特定的职业法官集团组成司法官僚机构并“专享”司法行政，就只会加剧司法的“封闭性”。这就是为什么必须关注司法官僚的经历和行动。

第二章

司法官僚是怎样产生的

一、精英法官的诞生

（一）司法考试与职业法官的录用

日本约有3 500名职业法官，其中的大多数人，分别在全国各地的50个地方法院和同样数目的50个家庭法院的总院和分院，从事民事、刑事、行政案件和家事审判或少年审判工作。这些法官在研讨案件处理一览表以及庞大的审判记录、证据文件等事务之中，耗费了大量的时间。所谓没有束缚的职业者的说法，大概意味着要过上不同于常人的生活。

但是，与每日焦头烂额地处理案件的大多数法官不同，还有少数职业法官主要在最高法院事务总局内，从事司法行政工作。概括上一章的内容可知，这些法官作为司法行政机构的干部，首先掌管着分布在全国各地工作的法官的人事事项，继而制定最高法院规则和编制法院预算，进而指导和建议法令的解释等方面的工作。

那么由此产生的问题是，这些担任司法行政工作的法官，究竟是怎样被录用的？这些作为职业法官的司法官僚，究竟经历着怎样的职业道路？

在现行的司法体制中，如果希望进入法曹界工作，除了最高法院中极少的一部分法官以及《法院法》规定的大学中研究法律学的教授和副教授之外，首要条件是必须取得司法考试合格成绩。司法考试合格之后，经过司法研修所一年半的研修并通过毕业考试后，可以选择法官、检察官或者律师的道路。司法研修所并没有根据修习生的志愿分别设置法曹三者不同的课程，而是针对全体修习生设置了相同的课程。即便在实务研修中，也是全体成员都要经历三个不同的法曹领域。

除了从一开始就以律师为职业目标的修习生之外，对于希望成为法官和检察官的修习生而言，必须被最高法院以及法务省录取为（作为法官的）助理判事或（作为检察官的）检事。这类录用并不需要重新接受考试，而是由各个人事部门根据修习生的志愿进行选考。不过实际上，司法研修所的教官等人针对修习生一直开展着招录活动，法务省和检察厅也进行着同样的活动。

根据国家公务员的招录制度规定，人事院实施的考试分为3个种类，即Ⅰ、Ⅱ和Ⅲ种，这些是有志成为公务员者要参加的“资格考试”。当进入国家行政机关的府或省录用的阶段后，尽管客观性方面尚有质疑的空间，各个府省也还需要由人事当局（大臣官房人事课或地方派驻机关的总务课）再次进行录用考试。与国家公务员考试相同，司法考试以及司法研修所的结业考试是成为法曹的“资格考试”。但在被录用为助理判事和检事时，与公务员录用相同，其录用基准也难言具有客观性。在司法研修所阶段，录用基准不仅有成绩和成为法曹的适合性判断结论，除此之外，还有不断受到诟病的有关修习生的思想和信条等隐秘的选考基准。现实中也发生过因有违修习生志愿，作出不予任命助理判事而引发的案件。

修习生被任命为助理判事之后，会被分配到全国各地的法院去“见习”诉讼实务。但是在一般情况下，根据1948年颁布的《助理判事职权特例法》，法官助理在被任命后的第6年，可以作为“特例助理判事”承担与法官相同的职务工作。在司法行政中，被任命后任期未满5年的助理判事被称为“未特例”。因此，在职业法官系统的“最下级”助理判事之中，因任职年数而被分化为“未特例”和“特例”两个阶层。在这种阶层的分化中，大多数助理判事自被任命起经过10年任期后，会被任命为判事，被分派往各地的地方法院和家庭法院从事诉讼实务工作。

（二）司法官僚后备人员的选拔

在后述具体介绍司法官僚职业的内容中可以清楚地看到，进入“特例助理判事”阶段的助理判事（有的甚至还在“未特例”阶段），就被配属至最高法院事务总局的总务局、人事局、民事局和刑事局等部门担任“局付”职务，成为少数从事司法行政的助理判事。由此，他们可以被认为已进入司法官僚的后备人员队伍。他们中的一部分人，在步入以最高法院事务总局为中心的司法官僚之路后，会成为获得事务总局的课长、局长、事务总长乃至高等法院院长等职位的法官。在这个过程中，一些人也有可能被外派至内阁法制局或法务省等机关。在这些司法官僚之中，就曾诞生过最高法院法官甚至最高法院院长。

然而，按照现行的国家公务员考试的类别，Ⅰ种考试合格者被国家行政机关的省府录用，只有这部分被录用者才能成为干部后备人员，作为精英组人员，有可能升至所在行政机关内课长、局长、事务次官的职位。与此不同的是，Ⅱ种和Ⅲ种考试合格后被录用的，属于非精英组人员，其职位的上升通道受到限制，最多也只能做到所在行政机关内的课长助理、派出机关的部长和课长。这种被称为“入口选别”的职员录用体系一直以来都遭受很多批评。例如，精英组和非精英组的区分是否会导致双方的工作热情趋于低下？在国内外行政环境正在经历巨变的当下，依靠甄选出少数精英官僚后备人员这种方法，是否会导致无力应对时代的变化？这些批判无疑相当具有说服力，但是，经过这种“入口选别”方式录用的职员，在录用阶段就能够预测到今后在行政机关中的生活方式。

与行政职员录用体系相比较，被录用为“局付”的助理判事相当于国家公务员Ⅰ种考试合格的干部后备人员（精英组）官僚。但是，与助理判事的选考和任命基准不对外公布的做法相同，局付任命的选考基准也不对外公布。因此，被任命为职业法官“种子”的助理判事们，在这个时间段还难以预测将来在法院中的生活状况。

局付的任命完全采用“单线钓”方式，即使在司法修习的同期学生中，也会听到这样的不解之声：“修习生时期他的成绩的确优秀，但不明白为什么会选定他。”也有常年一直关注最高法院事务总局动向的资深法官指出：“被任命为局付的助理判事具有共性，他们头脑聪明，淳朴，顺从上司。事务总局从他们的修习生时期就开始关注他们，通过从研修所教官或地方法院院长等方面收集到的相关信息对他们进行综合判断。”总之，司法行政机构干部后备人员的录用制度极其不透明，相较于国家公务员Ⅰ种考试合格的精英组的干部后备官僚，被任命为局付的助理判事更加属于司法行政机关的精英人员。

（三）职业法官之间的“身份制”

通常情况下，所谓的职业法官大体上可分为两个群体：一是从助理判事阶段开始就走上司法官僚道路的法院机构干部群体；二是在各地法院作为法官从事诉讼实务的群体。担任过临时司法制度调查会会长的民法学家我妻荣曾指出：

> 进入最高法院事务总局工作的人属于出人头地者。这是个严酷的事实。我曾在各种场合指出，在过去司法省拥有法官选任和任职地决定权的时代，也有陆上勤务与海上勤务的类别。在司法省工作的人属于陆上勤务者，而不停地被从一个地方的法院调动到另一个地方的法院的人，则属于海上勤务者。陆上勤务者是出人头地者，而海上勤务者则不然。

当然，这是1971年我妻荣对这种人事制度提出的批判。然而，从那时起至今尽管已经过了近40年，现状并没有得到多大的改变。

前一章中提到，在法官人事管理以及最高法院规则等与司法行政的根基紧密相关的事务方面，尽管依据法律制度的规定，最高的决策机关是最高法院法官会议，但实际上，事务总局审查室会议和事务总局会议起着决定性作用。因此，职业法官作为司法官僚，以及司法机构中的精英，确实“凌驾”于大多数法院职员之上，从而成为“特权官僚”，身处负责司法行政的地位支配着大多数法院职员。

如此的二重或三重的阶层分化“身份制”，俨然存在于日本司法体系和司法行政之中，其原因在于，无论是在录用之时，还是在升迁之时，支撑司法行政的职员制度体系都与现代公务员制度的原则之间存在着相当大的差距。现代公务员制度的原则要求在判断行政官的能力和实际业绩时，客观地判断其专业知识和技术，否定身份秩序。

从这个角度来看，这些该被称为司法官僚的精英职业法官，究竟走的是一种怎样的职业成长道路呢？这需要从具体的事例开始分析。下面首先梳理一下居于法官顶点的最高法院院长的经历。

二、最高法院院长由谁担任

（一）作为司法机关代表的最高法院院长

最高法院院长是三权分立制度中司法机关的首长，对外代表司法机关。院长在最高法院审判部门中担任大法庭的审判长，此外他还属于由5名最高法院判事组成的小法庭的成员。但是，除了现任的第17代院长竹崎博允之外，迄今为止，院长实际上都不参与小法庭的审理活动。尽管院长担任大法庭的审判长，但他与其他的最高法院判事居于对等的关系之中，在法庭上并不具有优越的地位。大法庭的判决中有时会载有法官提出“少数意见”，这就显示出了这种关系。

另一方面，司法行政部门的最高决策机关是最高法院法官会议，最高法院院长担任最高法院法官会议的议长，“统括”法官会议。“统括”的意义将在第四章中详述，这里作简单说明，“统括”是基于综合的立场整体把握事务，调整和整合事务承担机关的活动。因此，在司法行政部门中，基于法官相互对等的原则，最高法院院长也不拥有指挥命令权。拥有此权力的是最高法院法官会议。对此还需要进一步说明的是，发出法官调动、薪酬等人事关系方面的命令的名义人，不是“最高法院院长”，而是“最高法院”。《法院法》《财政法》规定最高法院院长以院长名义向内阁提出司法预算和概算要求，这里的院长只是司法机关的代表者。

考察上述制度，可以看到，最高法院院长在审判部门和司法行政部门这两个系统之中，都不拥有特别优越的法律权限。虽然院长的“权威”以正式或非正式的方式影响最高法院判事和事务总局的司法官僚，但这并非法律上的权限。在这样的制度环境之中，能提高最高法院院长地位的，是院长拥有提名下一任院长候选人员的“权限”。其实这也不属于具有法律依据的“权限”，而不过是一种习惯做法而已。这种习惯做法支撑着院长的权威。

（二）职业法官中产生的最高法院院长

根据《宪法》的规定，最高法院院长经内阁提名后由天皇任命。但是实际上，前任的最高法院院长在退休之前表达的意向具有很强的作用。首相与最高法院院长关于下一任院长的协议被隐藏于幕后，外人难以知晓其内容。其中行政权的意向，换言之，行政权在多大程度上介入了最高法院院长的政治信仰和意识形态，这是难以判断的。

但是，正如D. H.福特在《无名不显形的司法》中指出的那样，1969年在佐藤荣作内阁的作用下，石田和外由最高法院判事升任最高法院院长以后，迄今为止，行政权和执政党在最高法院院长人事安排方面的“介入”并不明显。在20世纪60年代末期，包括最高法院在内的司法系统曾对公务员的劳动争议案件连续作出多项肯定性判决。对此，属于保守派的最高法院石田判事就公务员劳动争议案件提出强烈的否定性见解。基于这个原因，行政权方面认为如果石田能就任最高法院院长，那么他就会推荐出能够理解行政权方面意向的下一任院长人选。

实际上，福特介绍了这样一个传闻。据说，1987年矢口洪一院长在推荐草场良八为下一任院长人选时，海部俊树首相曾说过：“最高法院已作出决定，因而在此就无须作出判断了。”当然，福特认为行政方面如需调查草场良八的信条等事项，实属简单之事，因此这个传闻中包含了虚构的成分。但是，历代内阁对于最高法院院长推荐的下一任院长人选，事实上都是照单接收的。

尽管如此，将谁作为下一任最高法院院长人选向首相推荐，这并不是最高法院法官会议的议题，而是属于院长的“专断事项”。在此权限范围内，院长在临近退休之时，在考虑行政机关的政治立场和政治社会状况的同时，的确会基于“司法权独立”的原则“选任”下一任院长。但真的是这样吗？从中是否可以寻找出一定的“规律性”？

1985年11月5日，矢口洪一就任第11任最高法院院长。此后至现在第17任院长竹崎博允为止，这24年中有过7位院长。这些院长都属于职业法官，由职业法官就任最高法院院长的人事制度已经牢固地落地生根。历史上曾经起用过田中耕太郎、横田喜三郎这些来自最高法院之外的学者或知识分子担任院长之职，这种做法如今已成过去式。

（三）最高法院院长的职业经历

表2-1的内容，反映了自矢口起至竹崎为止，最高法院各任院长从被任命为助理判事到就任最高法院院长的经历。

第一，他们在就任最高法院院长之前的职位，都是最高法院判事，例外的只有现任院长竹崎博允。竹崎在担任了3年多的最高法院事务总长之后，转任名古屋高等法院院长和东京高等法院院长。从表2-1中可以看出，东京高等法院院长或大阪高等法院院长就任最高法院判事，这是精英职业法官职业发展道路中的固定走向。竹崎（1944年出生）也是在那个年龄升任为最高法院判事的。

表2-1 历任最高法院

	第11任 （1985.11.5—1990.2.19） **矢口洪一**（1920年出生） 高轮1期	第12任 （1990.2.20—1995.11.7） **草场良八**（1925年出生） 3期	第13任 （1995.11.7—1997.10.30） **三好达**（1927年出生） 7期
2008			
07			
06			
05			
04			
03			
02			
01			
2000			
99			
98			
97			退休
96			
95		退休	最高院院长
94			
93			
92			最高院判事
91			东京高院院长
1990	退休	最高院院长	札幌高院院长
89		最高院判事	
88		东京高院院长	
87			首席调查官
86		最高院事务总长	长野地院、家院院长
85	最高院院长		大分地院、家院院长
84	最高院判事		
83			
82	东京高院院长	东京高院审判庭庭长	书记官研修所所长
81			东京地院审判庭庭长
1980	最高院事务总长	甲府地院、家院院长	
79			东京高院
78	东京家院院长		
77	浦和地院院长		
76	最高院事务次长		
75		经理局局长	东京地院审判庭庭长
74			
73		秘书课课长、宣传课课长	
72			总务局第一课课长、制度调查室室长
71		司法研修所局长	
1970	人事局局长		
69		东京地院审判庭庭长	
68	东京地院审判庭庭长；民事行政局局长		行政局第一、二课课长
67			
66		东京地院	行政局第三课课长
65	东京地院		札幌高院判事
64			札幌高院函馆分院职务代理
63		任用课课长	函馆地院、家院
62	东京地院判事；制度调查室室长	钏路地院、家院审判庭庭长	
61		钏路地院、家院判事	
1960			行政局局付
59	经理局总务课课长、营造课课长		
58	经理局局付；主计课课长	刑事局局付	福冈地院、家院小仓分院
57			
56	民事局第二课课长		
55		长野地院、家院上田分院	助理判事（东京地院、家院）
54	民事局局付		
53	横浜地院		
52			
51	东京地院	助理判事（横浜地院、家院）	
1950			
49	人事局局付		
1948	助理判事（大阪地院）		

院长的职业路径[1]

第14任 （1997.10.31—2002.11.3） **山口繁**（1932年出生） 9期	第15任 （2002.11.6—2006.10.15） **町田显**（1936年出生） 13期	第16任 （2006.10.16—2008.11.21） **岛田仁郎**（1938年出生） 16期	第17任 （2008.11.25—　） **竹崎博允**（1944年出生） 21期
退休	退休 最高院院长 最高院判事	退休 最高院院长 大阪高院院长、最高院判事 仙台高院院长	最高院院长 东京高院院长 名古屋高院院长 最高院事务次长；事务总长
最高院判事；最高院院长 福冈高院院长 司法研修所所长	东京高院院长 福冈高院院长 东京高院审判庭庭长 千叶地院院长 甲府地院院长	司法研修所所长 东京高院审判庭庭长 浦和地院院长 宇都宫地院院长	经理局局长 东京地院审判庭庭长 东京高院判事
东京高院审判庭庭长 甲府地院、家院院长 总务局局长	经理局局长 秘书课课长兼宣传课课长 东京地院审判庭庭长	刑事局局长兼图书馆馆长 东京地院审判庭庭长 刑事局第一、三课课长 最高院调查官 东京地院	东京高院事务局局长 东京地院 总务局第一课课长、制度调查室室长 总务局第二、三课课长 司法研修所教官
东京高院事务局局长 东京地院审判庭庭长 民事局第一、三课课长 民事局第三课课长	内阁法制局参事官 经理局总务课课长 经理局主计课课长 札幌高院职务代理	司法研修所教官 大阪地院判事 刑事局局付	东京地院判事 东京地院 鹿儿岛地院、家院名濑分院 司法研修所所付 广岛地院
东京地院、家院；法院书记官研修所事务局局长 札幌高院判事 札幌高院函馆分院职务代理 法院书记官研修所教官	民事局局付 札幌地院、家院室兰分院 助理判事（东京地院、家院）	名古屋地院、家院 助理判事（东京地院、家院）	助理判事（东京地院、家院）
大分地院、家院 助理判事（冈山地院、家院）			

1　日本民主法律家协会司法制度委员会编:《全体法官经历总览》(『全裁判官経歴総覧』),第4版。

竹崎在人事任命方面的独特之处在于，他跳过了最高法院判事之职而直接被任命为最高法院院长。发生在竹崎身上的这种“异常”的人事安排，其原因在于，时任最高法院院长的在任时间比较短，而此时正需要一位能长期、稳定地致力于参审员制度建设和司法改革的院长。此外，竹崎本人曾担任过经理局局长和事务总长，属于最高法院内司法制度改革的实务负责人。因此他被认为符合下一任院长的任职要求。

第二，这些院长中的大多数人都是在被录用为助理判事之后经过5～6年，被任命为最高法院事务总局中各个局的“局付”的。以矢口为例，在最高法院处于黎明期的1948年1月，矢口被任命为助理判事（任职于大阪地方法院），1949年3月被调任事务总局人事局局付。担任第16任最高法院院长的是岛田仁郎，他在1964年被任命为助理判事，后调至东京地方法院和家庭法院、名古屋地方法院和家庭法院工作，1971年起担任事务总局刑事局局付。竹崎1969年被任命为东京地方法院的助理判事，后调至广岛地方法院工作，1974年担任司法研修所所付。司法研修所并不是事务总局的内部部局，但所付与局付享受的是同样的待遇。

历任的7名院长中唯一例外的是1997年就任第14任院长的山口繁。山口于1957年被任命为助理判事，之后调动至冈山地方法院和家庭法院、大分地方法院和家庭法院工作。在任助理判事期间，他完全没有担任过局付职位。这期间山口从事的与司法行政关联的职位，是法院书记官研修所（现为法院职员综合研究所）教官。

第三，如表2-1所反映的那样，这些院长都担任过最高法院事务总局中的主要课的课长职务，同时也从事过地方法院和高等法院院长这些现场司法行政工作。这意味着他们当然属于精英职业法官，同时也无疑是司法官僚。

但是，除了矢口、草场、竹崎之外，其他人都没有担任过最高法院事务总长。如果从局长职务的层次而言，第13任院长三好达担任过首席调查官而没有担任过局长职务。第14任院长山口繁曾于1991—1994年担任司法研修所的所长，在事务总局中只担任过总务局局长。第15任院长町田显在事务总局中担任过经理局局长，第16任院长岛田仁郎也只是担任过刑事局局长。矢口担任过事务总局的人事局局长，但担任过事务总长的草场和竹崎，都没有在最高法院事务总局人事局局长这个核心岗位上工作过。这意味着除了矢口之外，虽然院长中的大多数人拥有精英司法官僚的经历，但未必可以断言他们是通过担任最高法院事务总局管理部门“司法行政官”这种方式被“高度”培养出来的。

因此可以推断，推荐下一任院长人选时，除了考虑作为司法官僚在事务总局的经历与行政能力之外，他们在地方法院和高等法院担任审判庭庭长，在地方法院和高等法院担任院长的法院实务工作中表现出来的诉讼指挥能力与人事、组织管理能力之间的平衡性也成为判断标准。换言之，前任最高法院院长在起用日本的政治、行政、经济制度的“秩序保守派”，在防止政治介入院长人事的同时，通过将拥有很强诉讼指挥能力和人事、组织管理能力的法官推上院长之位，来建构起司法的堡垒。所谓司法“独立”，便建立在全面防御政党政治介入这一理念基础之上。

假设上述最高法院院长的“选任标准”能够成立的话，那么在最高法院事务总局中能更进一步承担起司法官僚机构责任的，究竟应该是哪些人呢？下面的部分将对曾担任过事务总长人员的职业经历做些观察。

三、事务总长由谁担任

（一）司法行政的最高掌权者

最高法院事务总局居于日本司法行政机构的顶点。如上一章介绍的那样，事务总局的工作范围很广泛，其中位于事务总局“权力”中心的，是管理约3 500名职业法官的人事权限。当然，最高法院中司法行政的决策机关是最高法院法官会议，但实际上，最高法院法官会议审议事项的方案，全部由事务总局制订。事务总局制订的法官任命和再任命的提名名单方案在提交最高法院法官会议之后，迄今为止不曾被修改或驳回过。

在最高法院法官会议上，事务总长会带领事务次长、局长和秘书课课长列席会议。除了指示作为部下的局长或秘书课课长在会议上就初步方案进行说明之外，事务总长本人有时也会针对重点事项进行说明。在制度上，虽然事务总长仅是最高法院法官会议的首席助理，但实际上正如被称为“影子最高法院院长”那样，事务总长是司法行政的“最高掌权者”。

就司法机关而言，与规范行政机构省厅管辖事项的《府省设置法》相当的，是《最高法院事务总局分课规程》。包括最高法院事务总局在内，设置日本行政组织的法律规范，其特征是并不规定各个职位的责任和权限。《最高法院事务总局分课规程》也没有明确规定事务总长和局长等职位的责任和权限，仅规定了局和课的编制以及事务。但是，由于事务总长主持着事务总局的决策机构事务总局会议，就此而言，事务总长位于司法官僚机构的顶端。

以下将考察各前任（或现任）事务总长的经历，他们确实是自助理判事时期起就被赋予今后成为司法官僚期望的精英。

（二）历任最高法院的法庭与事务总长

图2–1所示的是由各任院长与其他判事组成的最高法院法庭的构成状况，时期为自矢口法庭起至现在的竹崎法庭为止。担任最高法院判事的，除了职业法官、检察官、律师，还有法曹三者之外的学者和曾任行政官的官员，以维持微妙的平衡。

在上述人员结构中，职业法官担任院长现今已经成为常态。但如上述部分所介绍的那样，出身职业法官的院长，未必曾经担任过最高法院事务总局中核心局的局长或事务次长、事务总长职务，但在各阶段的法庭中，必定会有曾经担任过事务总长的人被任命为法官。

草场法庭中，草场院长本人就曾任事务总长，另外两位判事即大西胜也和千种秀夫也曾担任过事务总长。三好法庭中，大西和千种两位判事依然是成员。山口法庭中，除大西判事之外，金谷利广判事也是原事务总长。町田法庭中，金谷判事之外是泉德治判事，在金谷判事退休之后就任最高法院判事的是堀笼幸男。此后的岛田法庭中，泉判事与堀笼判事依然是成员。竹崎法庭中也是同样状况（泉判事于2009年1月24日退休）。

最高法院没有设置代理院长和副院长的职位。最高法院事务总局“支配”司法行政的说法，以及批评最高法院法官会议形式化的这些言语，针对的是曾任事务总长的最高法院判事在司法行政方面，作为院长的辅佐官指导和监督事务总长以下的司法官僚。此外，曾任事务总长的判事还会与事务总长一道，就向最高法院法官会议提出的重要议案，事先对非职业法官出身的判事进行情况说明。

这些曾任最高法院事务总长者，究竟拥有怎样的职业经历？表2–2

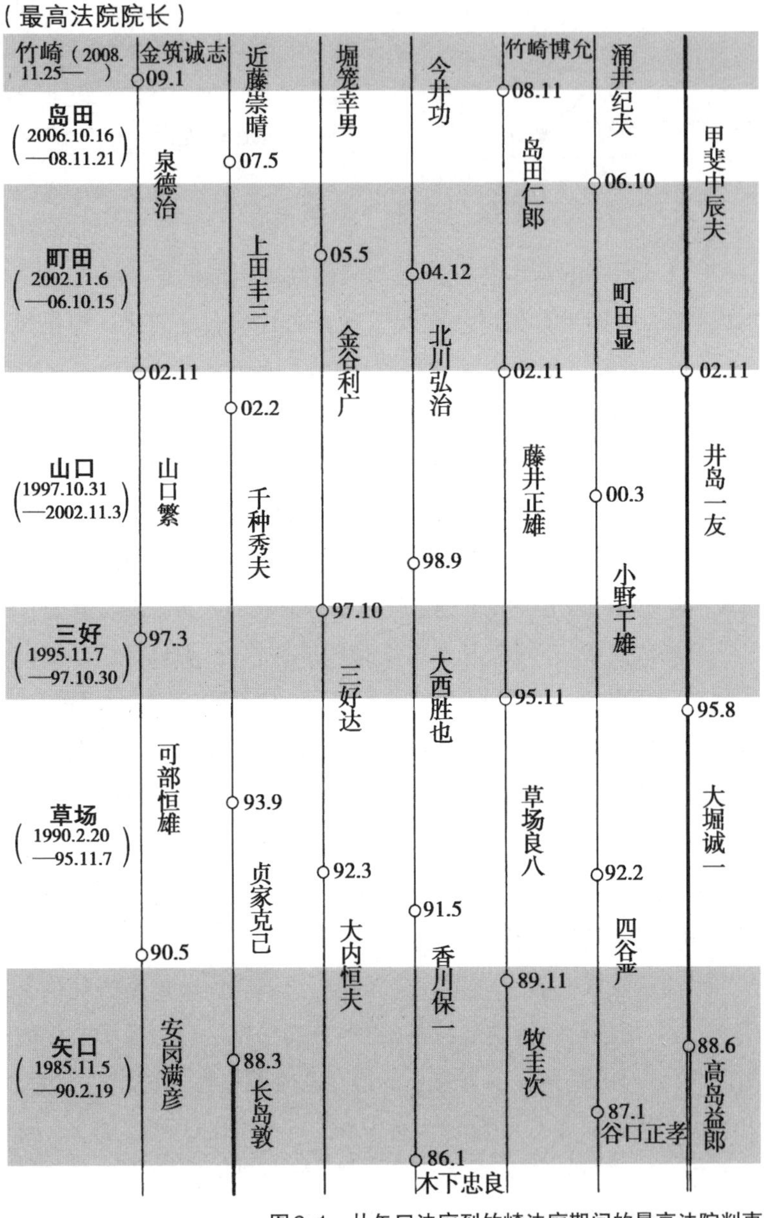

图2-1　从矢口法庭到竹崎法庭期间的最高法院判事

出身：——法官　——检察官　——行政官

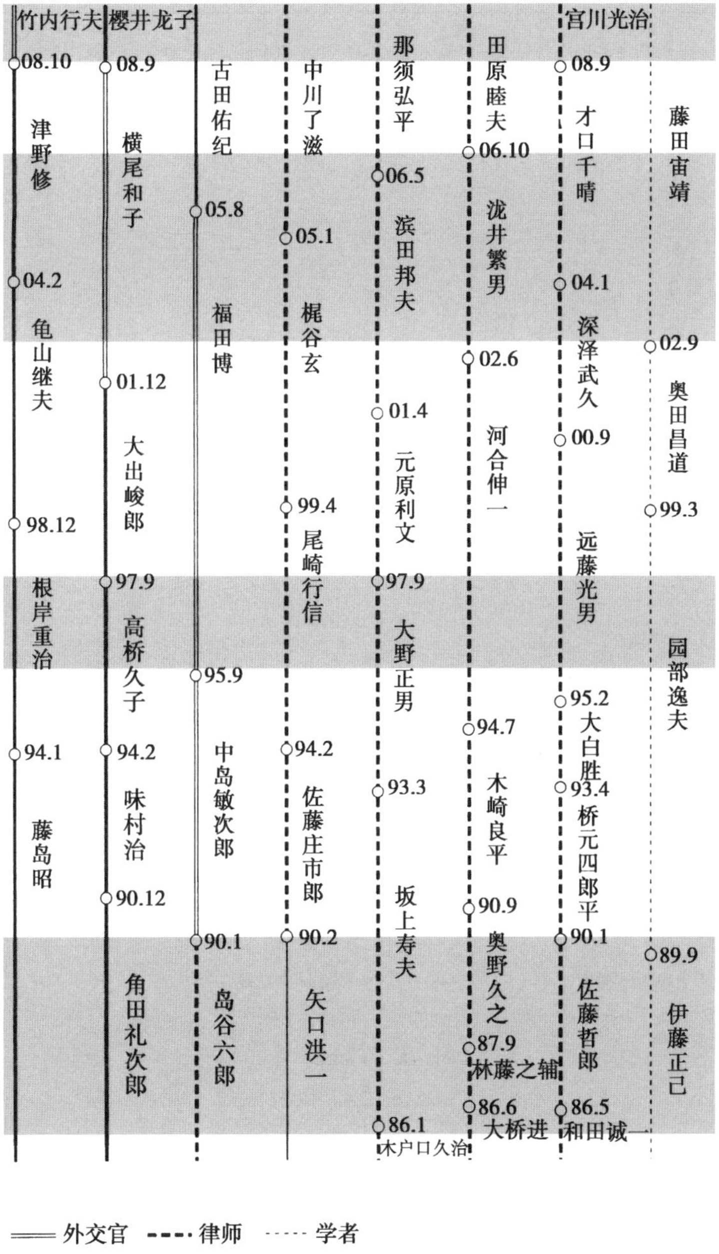
竹内行夫
櫻井龙子
宫川光治
08.10
津野修
04.2
亀山继夫
98.12
根岸重治
94.1
藤岛昭
08.9
横尾和子
01.12
大出峻郎
97.9
高桥久子
94.2
味村治
90.12
角田礼次郎
古田佑纪
05.8
福田博
95.9
中岛敏次郎
90.1
岛谷六郎
中川了滋
05.1
梶谷玄
99.4
尾崎行信
94.2
佐藤庄市郎
90.2
矢口洪一
那须弘平
06.5
滨田邦夫
01.4
元原利文
97.9
大野正男
93.3
坂上寿夫
86.1
木户口久治
田原睦夫
06.10
泷井繁男
02.6
河合伸一
94.7
木崎良平
90.9
奥野久之
87.9
林藤之辅
86.6
大桥进
08.9
才口千晴
04.1
深泽武久
00.9
远藤光男
95.2
大白胜
93.4
桥元四郎平
90.1
佐藤哲郎
86.5
和田诚一
藤田宙靖
02.9
奥田昌道
99.3
园部逸夫
89.9
伊藤正己
外交官
律师
学者

表2–2 最高法院事务总长的职业经历[2]

	草场良八（3期）[3]	大西胜也（5期）	川崎义德（8期）	千种秀夫（7期）
2008				
07				
06				
05				
04				
03				
02				退休
01				
2000				
99				
98		退休		
97				
96			退休	
95	退休			
94			东京高院院长	
93				最高院判事
92			大阪高院院长	最高院事务总长
91		最高院判事		
1990	最高院院长			
89	最高院判事	东京高院院长	最高院事务总长	东京高院审判庭庭长
88	东京高院院长	最高院事务总长	千叶地院院长	
87				静冈地院院长
86	最高院事务总长	东京高院审判庭庭长	事务次长	法务省民事局局长
85		甲府地院、家院院长		
84		事务次长		
83			经理局局长	
82	东京高院审判庭庭长			东京地院院长代理 东京地院审判庭庭长
81		人事局局长	民事局局长兼行政局局长	法务省司法法制调查部部长
1980	甲府地院、家院院长			
79			东京地院审判庭庭长	
78				法务省秘书课课长
77		总务局局长		
76				法务省民事局第一课课长 官房参事官
75	经理局局长	秘书课、宣传课课长	东京地院审判庭长；司法研修所局长	法务省民事局参事官
74		东京地院审判庭庭长		
73	秘书课宣传课课长	东京地院	东京地院判事	东京法务局讼务部部长 大阪地院审判庭庭长
72			那霸地院审判庭庭长	大阪地院
71	司法研修所局长	大阪地院审判庭庭长		
1970		大阪高院		
69	东京地院审判庭庭长		民事局第一、三课课长	
68		东京地院		
67			民事局第二课长	调查官
66	东京地院			
65		总务局第一课课长兼制度调查室室长	调查官	长野家院、地院判事
64		总务局第二、三课课长	东京高院职务代理	长野家院、地院
63	人事局任用课课长	函馆地院、家院判事		
62	钏路地院、家院审判庭长		钏路地院	
61	钏路地院、家院判事	函馆地院、家院		广岛地院、家院
1960				
59			司法研修所局付	
58	刑事局局付	总务局局付		前桥地院、家院
57				
56			岐阜地院、家院助理判事	
55	长野地院、家院上田分院			横浜地院、家院助理判事
54				
53		京都地院、家院助理判事		
52				
1951	横浜家地院助理判事			

（曾任事务总长者1984.7.2—2008.8.1）

金谷利广 （12期）	泉德治 （15期）	堀笼幸男 （19期）	竹崎博允 （21期）	大谷刚彦 （24期）
退休	最高院判事	最高院判事 大阪高院院长	院长 东京高院院长 名古屋高院院长 最高法院事务次长、事务总长	最高院事务总长 经理局局长
最高院判事 东京高院院长 最高院事务总长 奈良地院、家院院长	东京高院院长 最高院事务总长 浦和地院院长 最高院事务次长	最高院事务总长 事务次长 人事局局长 东京地院审判庭庭长	经理局局长 东京地院审判庭庭长 东京高院判事	东京高院局长 东京地院审判庭庭长 总务课课长
总务局局长 高级调查官 东京地院审判庭庭长	人事局局长 行政局局长、民事局局长 秘书课课长、宣传课课长 调查官 东京地院审判庭庭长	内阁法制局总务主管 内阁法制局参事官 东京地院判事	东京高院局长 东京地院 总务局第一课课长兼制度调查室室长 总务局第一课课长 总务局第二、三课课长 司法研修所教官	主计课课长 东京地院判事 书记官研修所教官
司法研修所教官 东京地院 刑事局第一、三课课长 刑事局第二课课长 调查官	东京地院 人事局任用课、调查课课长 金泽地院、家院判事	人事局任用课、调查课课长 东京地院、调查官 福冈高院那霸分院职务代理 刑事局局付	东京地院判事 东京地院 鹿儿岛地院、家院名濑分院 司法研修所所付 广岛地院	那霸地院、家院 福岛地院、家院会津若松分院 东京地院 总务局局付 东京地院助理判事
东京地院、家院判事 东京地院、家院 札幌家院、地院小樽分院 刑事局局付	人事局局付 东京地院、家院 总务局局付 东京地院、家院助理判事	兼东京家院 东京地院助理判事	东京地院助理判事	
东京地院、家院助理判事				

2　1950—2001年参见：大藏省印刷局《职员录》上卷；2001—2002年参见：财务省印刷局《职员录》上卷；2004年及以后参见：独立行政法人国立印刷局《职员录》上卷，日本民主法律家协会司法制度委员会《全体法官经历总览》第4版。

3　括号中为司法修习时期。

的内容为自1986年1月草场良八就任事务总长起至现任事务总长大谷刚彦为止（截至2008年8月）的期间，9名事务总长的职业经历。从所载内容中可以归纳出若干特征。

（三）从事务总长走向最高法院法官职位

第一，这些曾任事务总长者中的大多数人，在卸任事务总长职务之后，接着就担任了东京高等法院院长或大阪高等法院院长。现任的最高法院院长竹崎博允在卸任事务总长之后，就担任了名古屋高等法院院长，之后又转任东京高等法院院长。这期间，除了川崎义德以东京高等法院院长身份退休之外，他们都在经历了高等法院院长之职后就任最高法院判事。事务总长离任之后的职业道路，全面显现出了其“华丽”的精英法官形象，其实可以说这条道路自被任命为助理判事时就已经开始了。

金谷利广、泉德治、堀笼幸男、竹崎博允和大谷刚彦的职业法官生涯都起步于东京地方法院。草场良八、大西胜也、川崎义德和千种秀夫也分别被任命为横滨地方法院、京都地方法院、岐阜地方法院的助理判事。总之，他们中的大多数人，助理判事经历的起步之处都是“向阳”法院（俗称A部门）。

（四）极早阶段就被任命为局付

第二，曾任事务总长者，基本上都是在助理判事阶段就被任命为最高法院事务总局的局付（包括司法研修所的所付），例外的只有千种法官一人。并且需要强调的是，正如前面介绍的那样，一般情况下，他们是在被任命为助理判事后的第6年“升任”“特例助理判事”，之后被任命为局付。金谷之后的所有曾任事务总长者都是在极早阶段就被提拔为事务总局的局付。由前面所举的矢口的事例可见，金谷和泉也是在被任命为助理判事之后3年就成为局付，大谷则是在2年后。尽管并不能完全确定，但在此无须重复介绍就可以看出，最高法院事务总局（人事局）的判断标准对司法官僚“合适性”起着预测的作用。

（五）曾任司法行政的核心局局长

第三，他们在就任事务总长之前都曾担任过事务总局的总务局局长、人事局局长、经理局局长等司法行政的核心局局长职位。但是，除了泉德治之外，他们并没有担任过各个审判领域中民事、刑事、行政或家庭局的局长以及这些局中的课长职位。当然，他们并不仅仅是以最高法院事务总局司法行政官身份升迁至此，如表2–2所示，他们也曾担任过地方法院和高等法院的诉讼法官，但经历中的大部分时间则是在司法行政的官房中担任职务，而与审判工作无直接关系。

从经历来看，大西胜也、泉德治和堀笼幸男可以说是“典型”的司法官僚。大西在任总务局第二和第三课课长后接着担任第一课长，其后于1975年就任秘书课课长。秘书课课长是审查室会议的主持人，而审查室会议则属于事务总局决策过程中的核心环节。此后，大西连续担任事务总局总务局局长、人事局局长和事务次长，最终就任事务总长。泉德治也是经历了秘书课课长兼宣传课课长职位后，任民事局局长兼行政局局长，此后就任事务总长。堀笼任人事局调查课课长兼任用课课长等职务后，于1984年成为内阁法制局参事官，1990年担任该局总务主干，以此积累内阁中法制官僚的经验。此后，堀笼任事务总局人事局局长、事务次长，最终升任事务总长。从这些经历可以看出，他们被培养成为深谙行政官僚的逻辑和行动的司法官僚。

（六）限定空间中的初期精英培养

从这些曾任事务总长者的职业经历的特征可以看出，他们显然是从助理判事的阶段就被选定为未来将承担司法行政责任的干部后备人员。从这个角度看，在助理判事中任命事务总局局付的人事制度本身，就是一种精英选拔制度。但即便是被选拔为局付的助理判事，也还会被进一步区分为将来担任最高法院事务总局核心职务的后备干部和除此之外的其他人员。被任命为助理判事之后2年或3年就可以被任命为局付的这种人事制度就说明了这一点。在接下来的阶段中，这些被选拔出来的极少数精英后备干部人员会被配置于事务总局的官房部门，以此强化司法行政管理。从曾任事务总长者的职业经历可以看出，除了堀笼被“外派”至内阁法制局工作之外，他们都属于最高法院事务总局的“局内派”。

四、司法官僚人事中的共性与差异

（一）局长人事显现出的经历路径差异

以下部分将通过表2-3中所载的内容来分析截至2008年8月，从总务局到家庭局这7个局长（行政局局长兼任民事局局长）的职业经历。

除了总务局长高桥利文担任过内阁法制局参事官之外，其他5人的职业道路仅限于司法部门之内。如将该表内容与曾任事务总长者的职业经历进行比较，就可以从中发现一个倾向：担任最高法院事务总局的总务、人事、经理这些官房部门局的局长，与担任对应审判领域的民事、刑事、行政和家庭这些案件局的局长相比，各自的职业经历全然不同。

总务局局长高桥利文、人事局局长大谷直人和经理局局长小池裕，都是在被录用为助理判事之后的短时间内就被任命为事务总局局付。高桥在“外派”为内阁法制局参事官之后，担任过高级调查官、民事局局长兼行政局局长，此后就任总务局局长。大谷和小池两人较之高桥经历了更多的司法行政领域的职位。大谷被录用为助理判事之后3年就被任命为刑事局局付，历任调查官、司法研修所教官、刑事局第一课和第三课课长、秘书宣传课课长和刑事局局长后担任人事局局长。小池历任民事局局付、总务局局付、总务局制度调查室室长、总务局第一课课长等职务后就任经理局局长。

与此不同的是，民事局局长小泉博嗣与刑事局局长小川正持没有担任过事务总局局付。家庭局局长二本松利忠被任命为总务局局付时，已经是成为助理判事之后的第八年了。但是，小泉和小川担任过书记官研修所教官、调查官和司法研修所教官，相较于司法行政方面的实务能力，他们在教育和调查研究方面的能力更加受到肯定。总之，小泉、小川和二本松尽管担任了事务总局中的局长之职，但欠缺事务总局中官房系统部门的经历。

上述部分提到了曾任事务总长者的职业经历。从他们的职业经历就可以看出，在最高法院事务总局的司法官僚人事制度中，存在着非正式的规则（习惯性做法）。依照这种规则，在一开始就选定将来在司法行政的核心（官房系统部局）担任职务的人才，对他们施加一种“英才教育”性质的训练——当然，这也是一个不断筛选的过程——之后予以升任相应职位。从表面上看，这一过程与行政机关的府省在培养精英官僚中实施的人事习惯性做法相类似，不过正如

表2-3　最高法院事务总局局长的职业经历[4]

	总务局 **高桥利文** （28期）	人事局 **大谷直人** （29期）	经理局 **小池裕** （29期）
2008			
07	总务局局长	人事局局长	
06			
05	民事局局长兼行政局局长	刑事局局长	经理局局长
04			
03	高级调查官		东京地院
02		秘书宣传课课长	
01		东京地院审判庭庭长	
2000		东京高院	
99	东京地院审判庭庭长		审议官
98		刑事局第一、三课课长	
97			
96			总务局第一课课长
95		司法研修所教官	
94	内阁法制局参事官	东京地院	
93	东京地院		总务局第二、三课课长
92			
91			东京地院
1990			
89		调查官	
88			总务局制度调查室室长
87	东京地院、调查官	富山地院、家院判事	东京地院判事
86	名古屋地院判事	富山地院、家院	
85			总务局局付
84	名古屋地院		
83	东京地院	书记官研修所教官	民事局局付
82			
81	行政局局付		
1980		刑事局局付	横浜家院、地院川崎分院
79	甲府家院、地院		
78			
77		东京地院助理判事	大阪地院助理判事
1976	东京地院助理判事		

4　日本民主法律家协会司法制度委员会编：《全体法官经历总览》，第4版；独立行政法人国立印刷局编：《职员录》上卷，2007年、2008年版。

(截至2008年8月1日)

民事局·行政局(兼任) **小泉博嗣** (31期)	刑事局 **小川正持** (29期)	家庭局 **二本松利忠** (31期)
民事局局长	刑事局局长 司法研修所教官	家庭局局长
信息政策课课长 司法研修所教官		大阪地院审判庭庭长
东京地院审判庭庭长 书记官研修所局长	东京地院审判庭庭长	大阪高院局长 大阪高院
司法研修所教官 东京地院	东京地院 调查官	京都地院 奈良地院、家院
福冈地院、家院判事 民间研修	东京家院 千叶地院判事 千叶地院、家院木更津分院	大阪地院判事 总务局局付
书记官研修所教官 山形地院、家院	新泻地院、家院	东京地院 函馆地院、家院
大阪地院助理判事	东京地院助理判事	大阪地院助理判事

本书不断指出的那样，行政官僚制度中的选考标准等制度当然也并不透明。

与官房系统部局不同的是，案件局的局长无疑也属于精英法官，但与司法行政官相比，或许是凭借教育和调查研究方面的能力而被选定，获得培养机会。

但是，从前述内容可知，除了泉德治之外，曾任事务总长者们都没有担任过民事、刑事、行政局等案件局的局长，而总务局长高桥担任过民事局局长与行政局局长，人事局局长大谷担任过刑事局局长。这是因为需要对人事政策进行“修正”，即需要培养在相应审判领域对下级审法院进行指导、建议、监督以及对下级审法院的情况总结方面积累有经验的人才，还是仅仅因为年次问题？遗憾的是这些情况被厚厚的保密的外壳覆盖着，外部无法知晓。

（二）自课长职位起分岔的职业经历

在事务总局中，作为中坚干部的课长职位共有28个，如秘书课课长、宣传课课长、信息政策课课长以及各个局的课长等。其中，由于秘书课课长兼任宣传课课长，人事局任用课课长兼任调查课课长等方面的原因，实际的课长职位为25个。这些职位并不都属于职业法官的职位，其中属于事务总局中主要课长的秘书课课长（兼任宣传课课长）、信息政策课课长和总务局第一课课长，在具有职业法官资格的同时，还拥有在邮政省电气通信局、外务省驻外公馆和法务省大臣官房等方面的工作经历。

但是，人事局的课长并不拥有在行政机关工作的经历。尤其是人事局任用课课长（兼任调查课课长）门田友昌，在某种意义上堪称行走于司法官僚之路上的“典型”人物。门田1993年在东京地方法院被任命为助理判事，1995年调任调查官室室付，1998年成为总务局的局付，此后自2001年起的4年左右，以东京地方法院助理判事和旭川地方法院判事的身份置身于诉讼现场，2005年调任人事局参事官，2007年起就任人事局任用课课长。由此可见，即便是最高法院事务总局“官房系组织”的人员，也基本上是通过人事局的路径在司法行政机关之内接受培养的。

在课长职位之中，较多地任用拥有驻外使领馆工作经验人员的，有民事局、刑事局和家庭局。但是，承担着在行政诉讼方面指导、建议和监督下级审职责的行政局的课长，尽管也都有在若干地方法院和高等法院的工作经历，但一般情况下更重视在司法行政机构中的升迁。

较之其他的课长，人事局以及行政局的课长则更有可能在司法行政机构之内得到培养，这或许反映出日本司法，更直接地说是最高法院的“体质”。在持续巩固事务总局对法官的人事权限之外，正如行政诉讼中的判检交流（以检察官身份担任法务省诉讼事务，之后再回到法院担任审判工作的人事制度）显现出的那样，反映出了既有制度秩序具有的“保守”性，以及为此必须配备的“官僚”干部。

（三）检察官与法务省讼务的工作

上述内容提到，人事局和行政局中居于课长职位的人员，通常是在事务总局之内作为司法官僚接受培养的。与此相关，职业法官被外派至检察厅和法务省讼务局的情况也同样值得关注。

表2-4是以1973年（司法修习第25期）至1993年（第45期）获得任命的法官为对象，归纳了同期法官中拥有担任检察官（检事）和法

表2-4　法官外派情况[5]

期数	任职时期	法官人数	曾任检事者人数	曾任职法务省者人数（检事以外）本省讼务局、地方讼务部等	内阁法制局（内阁官房）
第25期	1973年	73	2	15	0
第26期	1974年	91	2	11	0
第27期	1975年	87	1	15	1
第28期	1976年	89	3	14	0
第29期	1977年	76	1	11	0
第30期	1978年	82	3	17	0
第31期	1979年	66	0	12	0
第32期	1980年	68	3	11	0
第33期	1981年	65	3	13	2
第34期	1982年	63	0	15	0
第35期	1983年	62	2	10	0
第36期	1984年	59	1	9	0
第37期	1985年	52	0	9	2
第38期	1986年	72	1	16	1（内政审室１、外政审室１）
第39期	1987年	67	4	7	0
第40期	1988年	79	3	11	0
第41期	1989年	66	1	12	（外政审室１）
第42期	1990年	86	1	14	0
第43期	1991年	101	2	18	0
第44期	1992年	67	2	10	（外政审室１）
第45期	1993年	101	1	9	0

5　根据日本民主法律家协会司法制度委员会编《全体法官经历总览》第4版制作。

务省讼务局讼务检察官（讼务检事）经历者所占人数的情况。这些人员现在都属于中坚、资深法官，在各地的法院中从事诉讼实务工作。

表2-4中的“检事”是指在检察厅中从事刑事案件侦查、参与审判工作的检察官。在各期中，这样的检察官也就只有1～4名的少数。一方面，外派至法务省讼务局的讼务检察官承担的工作是在包括国家赔偿诉讼在内的行政诉讼中，担任作为被告的国家一方的诉讼代理人。作为讼务检察官被外派至法务省讼务局或地方讼务局的法官，各占同期被任命为法官者中的10%～20%。其中第25期、第30期、第34期和第38期都超过了20%。

最高法院一贯认为，法官必须在懂得行政实际状态和侦查的基础上才能作出正确的裁判。尽管对于外派检察厅担任检察官的法官基本上要求相同，但外派至法务省讼务局的担任讼务检察官的法官则被认为存在着一定的问题。这些问题集中表现为：当他们作为法官回归之时，是否还能够进行“公正”的裁判？是否会因此有损司法的独立性和国民对审判的信任？在第三章内容涉及的水灾诉讼中，担任原告诉讼代理的部分律师就认为，正是因为审判长曾担任过讼务检察官，所以才遭受不断败诉的结果。

尽管确实难以证明拥有讼务检察官经历的法官与判决之间存在因果关系，但从其与行政局的司法官僚经历之间，可以观察到法官人事对于行政诉讼表现出的司法“消极性”。

（四）作为司法官僚后备人员的局付

至此为止纳入本书观察视野的，是最高法院事务总局的事务总长和局长这些层级的司法官僚的职业发展路径。这些干部中的大多数人是在被录用为助理判事后不久即被任命为最高法院事务总局的局付，开始走上精英职业法官之路的。当然，尽管这些精英职业法官并不全都能够成为居于最高法院事务总局核心职位的司法官僚，但他们属于具有实力的司法官僚后备人员则是不争的事实。那么，他们究竟是怎样的人才呢？

例如，截至2008年8月，最高法院事务总局中共计有局付22名（经理局中无，民事局与行政局1名为兼任），其中总务局局付4名、人事局局付2名、民事局局付5名、刑事局局付5名、行政局局付3名，以及家庭局局付3名。表2–5归纳了这些局付升迁至此的主要经历。

如与前述最高法院的院长、法官、事务总长、局长等人的职业经历相比较，便可以发现其中发生了“大的”变化。迄今为止，最高法院事务总局的大多数最高干部所走的职业路径，是在被录用为助理判事之后，初任地法院为东京地方法院或大阪地方法院等高等法院所在地的地方法院，并在较短的时期之内被提拔为局付。这是精英职业法官的传统晋升路径。在总务局局付大桥弘治、人事局局付村田一广等人的简历中还可以见到这种传统类型依然在今日延续，并且他们属于这22名局付中的多数派。

但是，如表2–5所示，也出现了偏离这种传统类型的人事安排。总务局局付福岛直之从被录用为助理判事（东京地方法院）到成为人事局局付后，迅速被外派至厚生劳动省儿童家庭局，此后被任命为总务局局付。人事局局付香川彻也在被录用为东京地方法院助理判事后一段时间内被任命为家庭局局付，此后就外派至外务省，在维也纳国际机构日本政府代表处工作，此后又调动到东京地方法院和钏路地方、家庭法院，后成为人事局局付。可以设想到，香川最初被任命为家庭局局付，是为了配合外务省和最高法院之间的状况而进行的“待机”。家庭局局付川渊健司在历任东京地方检察厅检察官、经产省多边通商系统单位室室长助理、国际法规科科长之后被任命为局付。行政局局付筱田贤治就在东京地方法院助理判事任上被“外派”至外务省，安排在日内瓦国际机构条约局工作。

如上所见，从法官助理至局付的这个时间段内，他们在经历了东京地方检察厅检察官、驻外公馆勤务、农林水产省、厚生省等机关的工作之后，才最终被任命为局付。由于他们在22名局付后备人员中占7个名额，因此，这绝非例外的人事安排。

“外派”行政机关工作（除了在法务省讼务局和地方检察厅担任检察官）的制度，起步于20世纪80年代后半期。过去一般的做法是在被任命为局付之后，才以“外派”或“研修”的方式派遣至行政机关。近年来则出现了在任命为局付之前就被外派的倾向。这意味着在培养精英法官和司法官僚方面，最高法院的人事政策正在发生转变，较之以前，会在更早的阶段就让相关人员进入内阁方面的行政机关积累经验。

尽管最高法院事务总局人事局对这种人事政策的变化没有给予丝毫说明，但对于事务总局来说，小渊政府主导的司法制度改革审议会以及百家争鸣般的司法批判，已经动摇了原本坚硬、顽固的司法行政体制。因此，将作为司法官僚后备人员的助理判事派遣到驻外使领馆或者行政省厅机关积累经验，并在此基础上再任命其为局付的做法，成为维系司法行政体制安定性的重要方式。正因如此，可以说那种在司法行政机关内培养司法官僚的“纯粹”方式，已经显现出了局限性。

（五）作为司法行政官的调查官

在最高法院的审判部门中，设置有首席调查官、高级调查官（3

表2-5 最高法院事务总局局付的主要职业经历一[6]

	总务局局付 4名				人事局局付
	一场康宏（51期）	**福岛直之**（51期）	**井户俊一**（52期）	**大桥弘治**（54期）	**香川彻也**（48期）
2008 07 06	总务局局付	总务局局付	总务局局付	总务局局付	
05 04 03 02 01	法务省民事局局付	厚劳省儿童家庭局人事局局付（厚劳省儿童家庭局）	水户家院、地院	京都地院 名古屋地院助理判事	人事局局付 钏路地院带广分院兼带广简院 钏路地院、家院带广分院 东京地院
2000			京都地院助理判事		维也纳国际机构日本政府代表处2等书记官
99 98 97 96	东京地院助理判事	东京地院助理判事			外务事务官 家庭局局付
1995					东京地院助理判事

名）和调查官（37名）的职位。这些调查官都是职业法官。他们并不承担最高法院事务总局的司法行政事务，但对最高法院的判决拥有相当的影响力。鉴于最高法院判决所具有的法律规范力不仅对于下级审法院，而且对于社会也具有拘束力，因此，他们也可归属于“司法官僚”的范畴。不仅如此，如考察他们的职业经历，可以发现，他们中

6 日本民主法律家协会司法制度委员会编：《全体法官经历总览》，第4版；独立行政法人国立印刷局编：《职员录》上卷，2007年、2008年版。

（截至2008年8月1日）

2名	民事局局付　5名				
村田一广（54期）	**池原桃子**（52期）	**岩井一真**（53期）	**武智舞子**（54期）	**石田宪一**（54期）	**大竹敬人**（54期）
	民事局局付	民事局局付	民事局局付（兼任）	民事局局付	民事局局付
人事局局付 札幌家院 札幌地院、家院	东京法务局讼务部		大阪地院助理判事	东京地院助理判事	东京地院助理判事
东京地院助理判事	东京地院助理判事	大阪地院助理判事			

的多数人曾位居事务总局的中枢职位，因此，在分析他们时不能仅仅关注他们在审判部门中的职位特征。

表2-6归纳了1990年之前被任命为助理判事的调查官的职业经历。首席调查官千叶胜美1972年被任命为助理判事（东京地方法院），1975年成为人事局局付，其后在事务总局担任行政局参事官、行政局第二课课长、行政局第一课和第三课课长，1991年调任为调查官。1995年，他被任命为事务总局中居于首席课长地位的秘书课课长（兼任宣传课课长），1999年就任民事局局长兼行政局

表2-6　最高法院事务总局局付的主要职业经历二[7]

	刑事局局付　5名					行政局局付
	室桥雅仁（49期）	**小野寺明**（51期）	**近道晓郎**（51期）	**须田雄一**（54期）	**高杉昌希**（54期）	**筱田贤治**（49期）
2008	刑事局局付		刑事局局付	刑事局局付	刑事局局付	行政局局付
07		刑事局局付				钏路地院、家院
06						
05	职员综合研修所教官					
04		东京地院八王子分院				
03		鸟取地院、家院	农水省生产局			
02	书记官研修所教官		大阪地院、家院			
01		鸟取地院、家院		东京地院助理判事	千叶地院助理判事	外务省驻日内瓦国际条约局日本政府代表处
2000						
99	山形地院、家院	东京地院助理判事	大阪地院助理判事			
98						
97	千叶地院助理判事					东京地院助理判事
96						
1995						

局长。此后在经历了甲府地方法院和家庭法院院长职位之后，于2006年就任首席调查官。另外的3名高级调查官也基本上拥有相同的职业经历。

除了高级调查官福田刚久之外，这些作为法院干部的首席调查官和高级调查官之前都担任过调查官。但是，首席调查官和高

7　日本民主法律家协会司法制度委员会编：《全体法官经历总览》，第4版；独立行政法人国立印刷局编：《职员录》上卷，2007年、2008年版。

（截至2008年1月）

3名		家庭局局付 4名			
家原尚秀 （52期）	**武智舞子** （54期）	**川渊健司** （50期）	**平山馨** （51期）	**大久保香织** （56？期）	**宇田川公辅** （54期）
行政局局付	行政局局付	家庭局局付	家庭局局付	家庭局局付	家庭局局付
大分地院、家院	大阪地院助理判事	东京地院 外务省东京地检检事（兼）经产省通商政策局多边通商体系需求室室长助理（法务）、国际法规科科长 东京地院、通产省通商政策局	名古屋地院	名古屋家院 名古屋地院、家院助理判事	横滨地院、家院 横滨地院助理判事
横滨地院助理判事		横滨地院、家院川崎分院 东京地院助理判事	横滨地院助理判事		

级调查官在被任命之前，他们的大部分经历都是担任事务总局的课长或者高等法院中的相应职务。这些司法行政官的经历令人瞩目。

如前所述，调查官制度是在模仿美国的大法官助理制度的基础上引进的制度，但实际上并没有产生助理制度那样的作用。1949年《法院法》经修改后规定，“目前阶段，如在特别必要之时，可以任命法官担任该职”，惯例是任命已有10年以上法官经历者担任调查官。

但是，由修改《法院法》而设置的职业法官担任调查官的制度，与

表2-7　最高法院调查官的职业经历一[8]

	首席调查官 **千叶胜美** （24期）	高级调查官 **福田刚久** （29期）	高级调查官 **青柳勤** （33期）	高级调查官 **川神裕** （34期）
2008			高级调查官	
07				
06	首席调查官	高级调查官		高级调查官
05				调查官
04				
03	甲府地院、家院院长			大阪地院
02			东京地院审判庭庭长	
01			东京地院	
2000			东京高院	大阪地院
99	民事局局长兼行政局局长			
98		东京地院审判庭庭长		大阪高院职务代理
97				
96		东京地院		
95	秘书课课长兼宣传课课长		内阁法制局参事官	
94				
93		民事局第一、三课课长	调查官	调查官
92			东京地院	东京地院判事
91	调查官		广岛地院判事	
1990		民事局第二课课长		
89	东京地院	行政局参事官	广岛地院	福冈地院、家院
88				
87		东京地院判事	研修、农水省食品流通局企划课课长助理	研修、运输省地域交通局交通规划课助理官
86	行政局第一、三课课长	东京地院		
85			刑事局局付	行政局局付
84	行政局第二课课长	长野地院、家院严原分院		
83	行政局参事官			
82	东京地院判事			东京地院助理判事
81		东京地院	东京地院助理判事	
1980	东京地院	民事局局付		
79				
78				
77	京都地院	东京地院助理判事		
76				
75	人事局局付			
74				
73				
1972	东京地院助理判事			

8　日本民主法律家协会司法制度委员会编:《全体法官经历总览》,第 4 版;独立行政法人国立印刷局编:《职员录》上卷,2007年、2008年版。

调查官 **高桥让** （35期）	调查官 **加藤正男** （37期）	调查官 **鹿野伸二** （37期）	调查官 **三浦透** （38期）
		调查官	调查官
调查官 盛冈地院、家院审判庭庭长	调查官 东京高院职务代理	东京高院	东京地院 法总研教官 东京地院
东京地院 东京高院职务代理	和歌山地院、家院	松江地院、家审判庭庭长 大阪高院职务代理	钏路地院、家院审判庭庭长 东京地院判事
法总研教官 福冈地院判事 福冈地院、家院	大阪地院判事 东京地院 自治省财政局 民事局局付	长野地院判事 长野地院、家院上田分院	法务省刑事局局付 东京地院
东京地院 民间研修 和歌山地院、家院	那霸地院、家院 水户地院、家院	东京地院 熊本地院、家院	宇都宫地院、家院 名古屋地院助理判事
横滨地院助理判事	东京地院助理判事	福冈地院助理判事	

表2-8 最高法院调查官的职业经历二[9]

	调查官 **增田稔** （39期）	调查官 **金子直史** （39期）	调查官 **森富义明** （40期）	调查官 **松田俊哉** （41期）
2008		调查官		
07				
06			调查官	
05		秋田地院		调查官
04	调查官		东京地院	
03	福冈地院、家院久留米分院			
02		东京地院判事		东京地院
01		法务省参事官	旭川地院、家院审判庭庭长	
2000	大阪地院			
99				京都地院、家院判事
98			东京国税不服裁判所	东京地院
97	鹿儿岛地院、家院判事		东京地院	
96				刑事局局付
95		法务省民事局局付	大阪地院	
94	旭川地院、家院	东京地院		那霸地院、家院冲绳分院
93				
92			大阪地院、家院	大分地院、家院
91	外务省国运局 家庭局局付	旭川地院、家院		
1990			民事局局付	
89				东京地院助理判事
88			东京地院助理判事	
1987	东京地院助理判事	东京地院助理判事		

9 日本民主法律家协会司法制度委员会编:《全体法官经历总览》,第4版;独立行政法人国立印刷局编:《职员录》上卷,2007年、2008年版。

（截至2008年8月1日）

调查官 **入江猛** （42期）	调查官 **西田隆裕** （42期）	调查官 **任介辰哉** （42期）
调查官	调查官	调查官
东京地院 名古屋高金泽分院 名古屋高院金泽分院职务代理	东京高院 东京地院	埼玉地院、家院 东京高院职务代理 总务局参事官
法务省刑事局局付 东京地院	大阪地院判事 长崎地院、家院	刑事局局付兼行政局局付
刑事局局付 名古屋家院 名古屋地院	通产省通商政策局国际经济部 民事局局付	静冈地院、家院 松山地院、家院
东京地院助理判事	大阪地院助理判事	东京地院助理判事

选任和培养精英司法官僚后备人员的制度浑然一体，如上所见，实际上在曾任事务总长者和现职局长这些司法官僚顶端的人员中，很多人也担任过调查官。

依照《法院法》的规定，职业法官以外的法曹（如律师）或法律学者等人员也可以被任命为调查官，但是，现实的常态是从职业法官，并且是从走上司法官僚路径的职业法官中任用调查官。而奇怪的是，这样的调查官人事制度，居然没有成为司法制度改革审议会讨论的对象。

当然如D.H.福特所指出的那样，人们期待日本法官按照立法机关所立法律的文意适用法律，严格遵循先例，以此维护诉讼指挥和判决的形式、内容以及最终结论的统一性。这些对于职业法官来说属于被同样要求遵守的职业规范，但从法官助理中被任命为事务总局局付的精英司法官僚后备人员，是在司法行政机关的顶层接受这样的训练和指挥。在这个过程中，其自身也站到了如何承袭先例、保持法解释的统一性以及进行诉讼指挥等方面的指导者立场上了。在官僚制的一般生理现象中，人们一直认为存在承袭先例和“被训练成的无能力”等病理现象，而这些现象同样存在于司法官僚体制之中。

作为司法官僚而受到高度训练的调查官，被认为对最高法院判决的形成拥有很大的影响力，而当最高法院法官中的职业法官由司法官僚中最高经历者担任之时，判决会当然地倾向于维护现实秩序。可以说，这也是这类判决被揶揄为“官僚司法”的一个关键原因。因此，调查官的人事制度，也应该比照从职业法官之外的人员中任命最高法院法官的理念，进行大幅度的改革。

五、精英法官的人事管理方式

（一）作为"登龙门"的东京地方法院助理判事

上述部分展现了司法官僚成长过程中每一环节中的精英路径，本章将在结尾之处对精英司法官僚的职业路径的特征作出概括。

首先，作为司法官僚的后备人员，最重要的是被选任为事务总局的局付。作为职业法官的最高法院判事、事务总长、事务总局的局长或课长，基本上都拥有事务总局局付的经历，并且都是在被任命为助理判事之后不久就被选任为局付。

在助理判事（法官任命）的录用人数方面，自最高法院建立以来的60年间，每年的变动都相当大。1947年12月司法修习结业的高轮第1期和次年4月司法修习结业的高轮第2期分别是32人和33人。在最高法院的这段黎明时期之后，至2000年为止，以司法修习第2期（1950年4月法官任命）的113名开始，有些年度为50多名，也有些年度稍稍超过100名。但进入21世纪之后，每年都有100多名的结业者（见表2–9）。

作为司法官僚后备人员的事务总局局付，目前（2008年8月）为13名。如果以司法修习期为标准观察，则第48期1名、第49期2名、第50期1名、第51期5名、第52期3名、第53期1名、第54期8名、第55期0名以及第56期1名。如果对照各期中助理判事任命人数，那么显而易见，这些人员在同期中属于极其少数的一部分。由此可见，他们作为司法官僚，无疑是被寄托巨大希望的精英人士。

但是，如稍许观察他们在被任命为助理判事的初次任命地，可以

表2-9 司法研修结业者人数及其进路[10]

期数(结业年度)	结业人数	法官	检察官	律师	其他
第33期(1981)	484(33)	61(4)	38(1)	378(27)	7(1)
第34期(1982)	499(38)	62(2)	53(2)	383(34)	1(0)
第35期(1983)	483(49)	58(8)	53(2)	370(39)	2(0)
第36期(1984)	436(33)	58(1)	50(1)	325(30)	3(1)
第37期(1985)	447(44)	52(7)	49(2)	343(34)	3(1)
第38期(1986)	450(44)	70(8)	34(4)	342(32)	4(0)
第39期(1987)	448(52)	62(10)	37(6)	347(36)	2(0)
第40期(1988)	482(45)	73(8)	41(4)	367(32)	1(1)
第41期(1989)	470(57)	58(10)	51(6)	360(40)	1(1)
第42期(1990)	489(63)	81(16)	28(3)	376(44)	4(0)
第43期(1991)	506(58)	96(20)	46(4)	359(34)	5(0)
第44期(1992)	508(70)	65(16)	50(8)	378(45)	15(1)
第45期(1993)	506(72)	98(20)	49(8)	356(44)	3(0)
第46期(1994)	594(84)	104(18)	75(11)	406(55)	9(0)
第47期(1995)	633(123)	99(34)	86(16)	438(70)	10(3)
第48期(1996)	699(142)	99(26)	71(12)	521(102)	8(2)
第49期(1997)	720(155)	102(26)	70(16)	543(113)	5(0)
第50期(1998)	726(144)	93(21)	73(11)	553(110)	7(2)
第51期(1999)	729(167)	97(18)	72(16)	549(132)	11(1)
第52期(2000)	742(202)	87(22)	69(16)	579(164)	7(0)
第53期(2000)	788(196)	82(26)	74(10)	625(158)	7(2)
第54期(2001)	975(281)	112(31)	76(20)	771(224)	16(6)
第55期(2002)	988(269)	106(30)	75(22)	799(214)	8(3)
第56期(2003)	1 005(225)	101(29)	75(19)	822(175)	7(2)
第57期(2004)	1 178(277)	109(35)	77(19)	983(222)	9(1)
第58期(2005)	1 187(279)	124(34)	96(30)	954(213)	13(2)
第59期(2006)	1 477(360)	115(35)	87(26)	1 223(280)	52(19)
第60期(2007)	2 376(568)	118(43)	113(39)	2 043(457)	102(29)

10 括号内为女性人数。根据研修结业之时的数据，其中，第33～52期是4月结业，第53～59期是10月结业，第60期是9月和12月结业。最高法院编:《法院数据汇编2008年版》,案例调查会。

发现，在这些干部中，大多数人的初次任命地为东京地方法院，其次是大阪地方法院。他们都是从这些法院开始步入职业法官之路的。例如，以首席调查官和高级调查官为核心的37名调查官中，27人的初次任命地是东京地方法院。当然，其中也有人的初次任命地为名古屋地方法院、福冈地方法院等，但在司法官僚及其后备人员之中，他们“绝对”居于少数派地位。

上述这些现象意味着早在司法修习生时期，通过能力、对法律秩序的考虑方法、政治倾向性以及个性等指标体系的衡量，这些志愿为职业法官的修习生已经被纳入选考范围。最高法院的人事局以来自司法研修所教官等途径的信息为基础，确定了特定的精英集团，但外部对这些情况则一无所知。

（二）官房系课长之任命决定着后续进路

以事务总局局付的身份接受训练的司法官僚后备人员，在不久之后就会被分派至各地地方法院等机构工作。对于精英职业法官集团的这些成员来说，最终能否步入司法官僚干部之路的决定性环节，在于此后是否能就任事务总局的官房系部局（总务局、人事局和经理局）的课长，进而进入属于事务总长直接管辖组织的三课（秘书课、宣传课和信息政策课）就任课长。如果观察事务总局的那些局长，可以发现那些官房系局长实际上全都曾位居官房系课长的职位。其中就任的如果是被称为首席课长的秘书课课长职位，那么基本上可以确定其将会升至司法官僚的顶点职位。

如与案件局（民事局、刑事局和家庭局）的课长相比较，就会发现这些官房系部局课长还有另一个特征。这些课长缺乏法院之外的行政机关的工作经验，他们拥有的工作经验基本上局限于司法机构内部。尤其是人事局的课长，不仅没有其他机关的工作经验，而且升迁路径只是在司法机关内部。案件局中也有例外，行政局的课长与人事局的课长同样不具有司法机关之外的工作经验。从这一方面也可以知晓最高法院对于行政案件的态度。

因此可以断定，最高法院在人事政策方面，于司法官僚之中还进一步设置了一条精英成长路径。

（三）从官房系局长中任用事务总长

在培养司法官僚的路径上，设置着东京地方法院助理判事、事务总局局付、官房系部局课长这一系列的关卡，这样自然会导致官房系局长与案件局局长之间产生司法官僚方面的“等级”。

事务总长毫无例外地会从担任过官房系局长职位的人员之中产生。这里存在两条任命路径。一条路径是任命担任过人事、总务、经理局局长等职位的事务次长为事务总长，另一条路径是任命担任过官房系局长，之后短期担任过地方法院院长或东京高等法院审判庭庭长等职务的人员为事务总长。总之，除了极其少数的例外，历任事务总长均没有担任案件局局长以及这些局中的课长职位的经历。在某种意义上，可以由此观察到最高法院人事政策的根本之处，即要求司法官僚的培养路径具有“纯粹”性。这些担任过事务总长的人员基本上都被任命为最高法院判事。

在行政机关的省厅中，很少有未担任过大臣官房的官房长被任命为第一局的局长，进而升任事务次官的事例。其实在最高法院事务总局之中，也设置有同样的人事升迁路径。当然，并非所有的官房系局长都最终升任至事务次长和事务总长。正如此后升至最高法院判事兼院长的山口繁、町田显的经历所反映的那样，他们的职业路径是各自在担任了总务局局长和经理局局长之后，才被任命为地方法院院长、司法研修所所长以及高等法院院长。

另一方面，案件局局长的一般性升迁路径是先担任东京地方法院、大阪地方法院以及福冈地方法院等大规模法院的判事或司法研修所的教官职位之后，才被任命为局长。此后通常的路径为担任地方法院院长、高等法院审判庭庭长等。但这并不具有绝对性，其中就有像第16任最高法院院长岛田仁郎那样被任命为高等法院院长和最高法院判事的例子。

最高法院虽然没有清晰地对外披露其人事政策，也未具体制定过如同行政官僚制那样明确的人事升迁规则，但是，正如以上内容所示，从中能够瞥见在通向最高法院事务总局中每一个职位的精英成长路径上，司法官僚自培养到升迁方面的人事政策。在这样的政策环境之中，这样的司法官僚们对司法行政，进而对司法本身究竟起着怎样的作用，这些问题将成为接下来的考察课题。

第三章

司法官僚统治的实际状况

一、司法官僚机构影响涉及的范围与对象

（一）法院内部的行政

第二次世界大战后至今，以最高法院事务总局的事务总长为首的司法官僚机构推进了日本司法的“统一化”。值得关注的是，这一过程究竟是在怎样的境况中进展的，以及该如何理解其中的权力来源。

与以执政组织（内阁、总统）为顶点的行政官僚机构相比较，司法官僚机构通常所具有的影响力及其范围肯定相当有限，且这一现象不仅限于日本。司法是通过审判和判决，对当事人赋予新的权利、剥夺权利或者强制赋予义务的命令性活动。司法有时命令行政机构对市民作出损害赔偿，甚至宣布议会或行政机关的法律法规因违宪而归于无效。但是，司法的这些活动是在接受诉讼当事人的起诉之后展开的，基本上属于“被动型”活动。法院并不属于自己可“主动”发

现问题并予以解决的行动组织。

与此不同的是，行政机关属于执政组织的辅助或辅佐机构，可以积极地干预经济社会。行政机关可以依照既有的法律体系的规定，发现问题，针对构成原因的个人或集团进行指导、建议或劝告等一系列活动。如果在这些行政活动之后相应问题仍未获得解决，那么行政机关可以对许可、核准或执照作出被称为不利益处分的撤销行为。另一方面，根据既有的法律体系的规定，行政机关还提供公用事业、保健以及福利事项等各种服务。而且这些服务并非属于单纯的法律执行活动。福利项目实施至何处为止，服务提供的对象是谁，诸如此类的事项由行政机关自行决定。与此同时，作为执政组织的辅助或辅佐机构，行政机关进而还要制订政策和项目的方案，以应对新出现的情况。这些方案如获政治部门的采纳，行政机关就需要为实施而制定行政法规（政令）、省的规章（省令）以及告示、辅助纲要等细则规定。

因此，从上述关系可知，如欲依靠理想中的执政组织或议会与行政机关的关系对其进行控制，那么行政机关干预经济社会，往往会演变为“自导自演”。总之，行政机关的行动需要接受各种各样的评价，其实施过程必须不断地与市民和业界团体保持密切的关系。

与此不同的是，就制度层面而言，司法官僚机构也属于以最高法院为顶点的、各级法院中法官会议的辅助或辅佐机构，但法院是在基于受理提起的诉讼之后才开始进入审判程序，它对于社会来说属于“被动型”组织。因此，司法官僚机构影响力所及的范围，基本上被限制在从最高法院至下级法院这一司法机构的内部。

当然，正如后面内容所指出的那样，根据司法制度改革审议会的《意见书》，在多种场合试行了司法行政中的“市民参与”措施。但是，这些“市民参与”归根结底仅是在“封闭”的法院机构内部进行的尝试而已，尚未开拓出市民主导的司法行政之路。

（二）高度的职业管理

上述部分提到，司法官僚机构行动影响力所及的范围十分有限。除此之外，还有一个特征必须予以关注。这就是司法官僚机构工作的对象，属于具备高度专业知识的专业人员。包括极少数从律师转任法官的人员在内，约3 500名法官全都通过了极其严格的专业知识水平考试，即取得司法考试合格成绩，并在此基础上进一步接受过司法研修所的修习训练。因此，法官属于对自身专业知识具有自负性的高度专业人员。尽管事实上社会对这些法官在经济社会洞察能力和服务态度方面存在部分质疑之声，但这些法官拥有各自的思想和信条，以专业人员的身份坚定地维护日本《宪法》的“自主性”。

这意味着，司法官僚机构的工作对象尽管限于司法机构内部，但关键在于，该机构是由《宪法》保障“自主性”的高度专业人士组成，因此，司法官僚机构便会专心于如何“操作”这些法官，以确保审判机构的整体性。

然而，在1999年11月27日召开的第十七届全国法官恳谈会上，原最高法院院长，曾担任过最高法院事务总长的矢口洪一受邀作基调演讲。当被问到在任期间是否完全没有关注培养法官的个人多样性时，矢口洪一给出了如下回答。

> 尽管设想由事务总局来承担全部工作，但事务总局这样的机构并不拥有相应权限。因为人事分配方案已经确定，所以人事负责人只是不得已地执行这些方案。除此之外，民事局、刑事

局等也是如此，这些局并没有任何权限。事务总局没有立法权，什么都不拥有。

最高法院事务总局不拥有指挥下级审法院判决内容的权限，这的确是事实。并且事务总局也并不拥有法官的人事权。就此意义而言，最高法院事务总局确实不拥有“任何权限”，而只是最高决策机构最高法院法官会议的辅助和辅佐机构而已。然而，矢口演讲中的这段话虽不属于“诡辩”，但也只是表述了“形式论”层面的现象。

根据日本《宪法》的规定，除了最高法院之外，下级审法院法官是由内阁根据最高法院提出的名单作出任命。《宪法》还规定“任期满10年，可以再任命”（《宪法》第80条第1款）。但这项规定究竟该如何理解，则并不明确。应该注意到的是，法官任命和再任命的名单方案以及调动法院（转勤）的人事调动方案，是由最高法院事务总局通过收集司法修习生或法官的人事信息后，根据这些信息制作和提出的。与此同时，事关法院运行或与判决相关的法令解释等事项，会以一种被称为“最高法院见解”的方式通过事务总局或各个案件局主持的法官会同会或法官协议会表现于外。因此，在此类活动的背景中能够不可否定地对人事事务进行实质性干预，才属于司法官僚机构采用的，操控作为专业人员的法官的有效手段。司法官僚机构的权力源泉也基本存在于此处。

（三）“离心力”与“向心力”

然而，司法官僚机构越是建设完备，其管理强度和人事“独善性”就越是遭到下级审法院的法官和书记官等人士的批评。为了弱化法院机构内部的这种“离心力”，在如何增强对最高法院的“向心力”方面,司法官僚机构无疑起着重要的行动准则作用。

就结论而言,司法官僚机构寻求到的增强“向心力”方式,集中体现为:掌控对下级法院法官人事权,保障下级审中对判决具有影响的法令解释和诉讼指挥的统一性。但不得不指出的是,这里归结出的这两点内容,无疑都与作为专业人员的法官的“自主”或者各级法院的“分权与自治”原则相“对立”。可以说,这便是战后司法所发生问题的根源所在。

下面的内容将以此观点为出发点,首先考察法官人事制度的规则与实际状况,继而分析法官会同会或法官协议会在法令解释等方面所具有的功能。

二、“任期10年”:最高法院事务总局的人事权

(一)动摇法官身份保障制度的案件不断发生

尽管在当下,有关“司法的危机”的各种议论已经不那么受到关注,但20世纪60年代末至70年代初,围绕司法的理想状态以及法官人事制度,各种观点激烈对立,不仅限于司法机构内部,甚至扩展至社会之中。

1969年8月,在札幌地方法院审理的长沼耐克诉讼(请求撤销对保安林作出解除处分的诉讼)中,针对这一申请停止执行保安林解除处分的案件,福岛重雄审判长主持的法庭作出了先例性判决。福岛审判长在判决中质疑自卫队的性质,支持了申请人临时处分请求。但在判决之前,札幌地方法院院长平贺健太向福岛法官发送了一封信件。平贺在信件中要求福岛不支持申请的主张,而是以不具有“诉的利益”为由驳回申请。尽管平贺院长认为这封信

件并非法院之中禁止行使的诉讼指挥行为，是属于对法院同事福岛法官提出的“建议”而已，但这样的做法无疑与法官的“独立性”相抵触。

福岛法官虽然没有听从该建议，但他把这份信件的复印件发送给了朋友和新闻媒体。这一做法引发了很大的社会问题。但札幌地方法院法官会议并没有认定平贺院长的行为侵害了法官的独立性，因而只是对平贺院长作出了警告处分而已。另一方面，札幌高等法院以泄露法院内部文件为由，对福岛法官也作出了警告处分。

上述事件发生后，以右翼杂志《全貌》为中心发起了批判青年法律家协会（以下简称为“青法协”）所属法曹的“左翼偏向”运动。青法协是以法官和律师为核心形成的社会组织，致力于提高对改革“落后于宪法的司法”这一现状的关注度。由于福岛法官也是青法协的会员，他将自身的政治信念“露骨”地带入了审判之中，并将政治体制置于遭受“诽谤”的危机之中。这些指责明显受到了当时佐藤政府以及执政党中一部分势力的支持。

国会中的法官追诉委员会曾向全国法官发出调查表，以确定法官是否属于青法协会员（或曾是会员）。法官追诉委员会的事务局长是由从最高法院外派的法官担任，因此，也可以认定该调查体现了最高法院的意志。实际上，最高法院事务总局将青法协视为基于一定政治信念而组成的“政治团体”，因而向法官中的会员发出了退会劝告。在这个劝告的作用下，尽管不断有法官会员退出青法协，但时任东京地方法院助理判事的宫本康昭一直保持着会员身份。1971年4月，最高法院对助理判事任期届满10年的宫本康昭作出了不任命法官的决定。

最高法院完全没有公布不任命法官的理由。这种不公开理由的做法即使在现今也是不断被触及的话题，它并非只是针对宫本一人。但在当时，即使在法官的内部，也引发了对此决定的强烈批评，而不仅限于新闻报刊的范围。这些批评认为如此做法介入了法官的思想和信念，危害了法官的"身份保障"制度。平贺信件事件发生之后，这类批评立即如燎原之火，不断扩展开来。

10年任期届满之后的法官遭到不再任命决定的，并非只有宫本助理判事这一个例，但无论之前还是之后，能够推断出不任命决定与"政治性"之间存在相当强的因果关系的，只有这一例。（但曾发生过以职业法官为志愿的司法修习毕业生因——至少可能推断出的——"政治上的理由"，所提交的助理判事申请被拒的事例。）

2002年7月，在该事件发生30年之后，原助理判事宫本（现为律师）就任法院一般规则制定咨询委员会的委员。该委员会设置于最高法院中，是最高法院在接受司法制度改革审议会的报告建议后设置的组织。有关该委员会的详细内容将在后面介绍，这里先概括言之，该委员会的工作内容是检讨法官任命制度、法官的人事评价制度，其中也涉及最高法院规则的制定事项。原助理判事宫本被选任为委员之事，让人有"恍如隔世之感"。只是难以判断这是否意味着最高法院事务总局人事制度的转向，或者这是最高法院将启动司法改革的声明。

总之，不在少数的资深法官证明，宫本助理判事不任命事件之后，审判和判决越来越消极，法院内部的言论和行动都明显地趋向萎缩。对于最高法院事务总局所拥有的人事权心存"恐惧"导致了如此的行动结果。如果顺从了最高法院的判例，或者顺从了事务总局、最高法院院长和各级法院院长在法院管理方面的要求，那么平贺信件问题或者宫本助理判事不任命决定事件那样的“司法危机”，自然就不会以如此吸引外界注意的形式表现出来。然而，即使出现的是没有吸引外界注意的结果，也可能只是“短暂的平静”。或许该事件显现的是司法民主主义崩溃的征兆。

尽管《宪法》坚定地为法官提供了身份保障制度，但与此同时也规定包括助理判事在内的法官任期为10年。在这两个条件并存的基础之上，究竟应该如何考虑法官的人事制度，以及如何进行管理法官的人事工作，这些已成为今日广受关注的问题。

（二）任期10年的“固定化”与人事行政功能的强化

《宪法》第80条第1款规定，“法官任期为10年，可得再任命”（裁判官は、任期を十年とし、再任されることができる），而“可得再任命”并不是日本语的通常表述方式。

宫本不任命决定事件发生半年后，我妻荣于1971年10月召开的第一届全国法官恳谈会上，根据《宪法》第80条的英文版所载表述“with privilege of reappointment”，指出通说是以当然再任命为原则，不存在优于其他时才能获得再任命的内涵。但是，我妻荣同时也指出这里存在着立法宗旨与现实之间的差异。战后司法改革的时代，立法是建立在“10年任期届满之后，志愿成为法官的人员会非常多的前提之上。研修结业者具有进入检察官、助理判事和律师这样三条道路的资格。此后经过10年，无论选定哪一条道路的人都同等地能够取得升任法官的资格。因此，可以推断提出申请升任法官的人数会非常之多。届时将从其中的优秀者中录用法官”。由此可见，立法之时只是预想了以10年为一个时间单元，这期间法曹的质量会得到提高，申请法官职业的人数也会增加。

但是，如此“朴素的预想”与现实完全脱轨。尽管完成司法修习的学员人数的确增加了，但大多数人选择进入律师行业。助理判事中有改道成为律师的，但未见有走相反道路者。由此可以看出，职业法官的供给源已经走向固定化。

曾担任临时司法制度调查会会长的我妻荣困惑地指出，当10年任期届满者基本上都提出再任命申请时，仅仅将极其少数的人排除在任命之外，会形成非常消极的结果，因此，“担任选考任务的人基于主观恣意的认识，会自然而然地得出这无论如何都不合适的结论。此种情况似乎是必然状态”。我妻荣在此指出了在《宪法》规定的10年任期与再任命人事制度之间取得平衡的困难程度。

（三）人事评价制度的起步

正如上述部分所触及的那样，实际上，最高法院事务总局积极建立法官人事制度起步于1957年，当时正值第一批法官再任命时刻的到来。职业法官除了来自司法机构内部的就职机会之外，基本上不存在其他路径。以这样的现实情况为前提，司法行政强化了法官的再任命、院际调动、升迁和薪酬等级决定等方面的人事管理制度，由此朝着“选择”法官的方向推进人事制度建设。与此同时，如上所述，这样的做法也是为了防止国会或内阁对司法机构的“介入”而构筑的堡垒。因此，可以这样认为，最高法院事务总局筑起了坚厚的司法机构外墙，对内部进行“品质管理”。

为了实现这样的目的，就必须取得每一位法官的人事评价信息。事务总局于1956年启动了对法官的人事评价制度（设置法官人事考核课）。这意味着，1956—1957年是作为给司法官僚机构打下坚实基础的年度而记入史册。

然而，这种人事评价制度的存在本身属于秘密。2005年宫本康昭指出，人事评价“其内容、评价方法、由谁来评价这些事项，对外当然不为人所知，而即使在司法机构内部也无人知晓。被评价的法官本人也全然不知情况”，该制度的存在因不为人所知，所以“也不可能受到批评，这种状况一直延续到司法制度改革审议会建立为止，共有40多年”。

但是，这样的结论会引出若干疑问。实际上，地方法院和家庭法院的院长以及高等法院的院长就是评价者。他们由于工作调动十分频繁，不会不知道存在着这种评价制度。这意味着，正如伊东武是所正确指出的那样：“在法官的工作现场中，其实际情况虽然不被告知，但也并不是只存在着接受这些现状并予以合作的审判庭庭长（或审判长），也有着基本知道评价法官的这种做法正在进行，却沉默无语的大量普通法官。”

问题在于，法官人事评价制度存在“封闭性”。法官评价的内容并不向作为被评价者的普通法官披露。对于最高法院事务总局的人事局究竟以怎样的方式处理这些人事评价书的问题，甚至从一开始，每一位法官就没有接收到过来自第一层次的评价者（地方法院和家庭法院院长）的告知。

三、法官评价的制度与实况

（一）任命、调动等外形规则

2004年，因司法制度改革审议会的《意见书》的作用，被认为存在问题的法官任命以及评价制度，被纳入“改革”的范围之内。“改革”的相关内容以及存在的问题等将在后续部分详述，这里先从1956年建立的评价制度以及根据该制度设置的法官人事管理制度开始观察。

正如前面所介绍的那样，除了最高法院的法官之外，职业法官是根据最高法院编制的法官任命名单，由内阁进行任命。但内阁从来都是照单全收，没有否决过名单中的任何人。这意味着内阁对于最高法院法官会议的决定，一直是原封不动地予以追认而已。

这份法官任命名单上，总计会载有300人左右的名字。名单上记载有每年100名左右的拟任助理判事者，再加上每10年为任期时间单位至第40年为止的拟再任命判事者。名单本身的决定权无疑由最高法院法官会议所掌握，但是最高法院法官会议通常只召开一次就作出决定，实际上并未进行实质性审议。因此，助理判事的任命以及10年任期届满判事的再任命权限，实际的掌握者是最高法院事务总局。

一方面，在法官的调动方面，制定有这样的规则。自助理判事被任命起至被任命为判事之后的两年半左右为止的期间内，通常每3年调动一次，在此之后，每4年或5年调动一次。为了避免系争案件中审判庭庭长（或审判长）频繁变动的情况，担任地方法院和家庭法院审判长的判事，原则上保持5年的任期。这类调动有的会因此提高薪酬等级，也有的则与薪酬变动无关。除了地方法院、家庭法院院长以及高等法院院长的调动之外，法官的定期调动都发生在每年的4月份。

调动计划方案是按照如下方式制订完成的。每个法官提交记载有希望工作地点和承担事务（审判领域事项）的“法官第二卡片”（“第一卡片”中记载简历）。根据该卡片的内容，各个高等法院主要负责编制各自管辖区域内的调动方案。全国范围内各单位之间的调动，由最高法院事务总局人事局负责方案编制。通过最高法院与高等法院之间的协议，最高法院事务总局的人事局制订出正式的调动计划方案。但是，实际上高等法院的方案并非由其“独自”编制而成，因为在编制之前，人事局已经对此作出了非正式的指示。

根据《法院法》第48条的规定，法官的调动，必须经本人同意，因此，定期调动的2个月之前（离岛为3个月以上）须发出内部通知。如本人不同意通知内容，相应的做法是作出变更工作单位或者留任的处理。尽管法官调动事务也属于最高法院法官会议的决定事项，但这只是形式而已，实际上的调动人事权由最高法院事务总局，尤其是人事局牢牢地掌握。

尽管因政治性问题而未获得助理判事或判事再任命决定的案例，只有宫本助理判事一例，自此以后再也没有发生过同类事件，但是，只要再任命后的职位、定期调动以及与此必然相关的调入法院和职位、涨薪方面的决定权实质上由人事局掌握，那么，不得不要面临的现状是，人事局强大的权限可以从根本上影响法官的评价信息。

下面部分将通过整理从助理判事到判事的任命，以及其后的再任命和人事调动的相关情况，分析被认为具有“封闭性”的人事评价制度究竟是怎样的制度。

（二）截至1998年的人事评价书

在司法制度改革审议会上，高木刚委员（时任全日本劳动组合总联合会副会长）要求最高法院提交反映法官人事实况的说明和资料文件。作为对此的回应，最高法院最终于2000年7月开始公开如图

<table>
<tr><td colspan="6">法 官 考 核 调 查 表
极密 　期(平成　年　月　日)</td></tr>
<tr><td rowspan="2">职务</td><td colspan="2">本职</td><td rowspan="2">姓名</td><td colspan="2" rowspan="2">年　月　日生(　岁)</td></tr>
<tr><td colspan="2">兼职</td></tr>
<tr><td rowspan="3">工作能力</td><td colspan="4">案 件 处 理 能 力</td><td>指 导</td></tr>
<tr><td>正确性</td><td colspan="2">速度</td><td>法庭上的处理</td><td>职员指导</td></tr>
<tr><td>□非常正确
□普通
□普通以下</td><td colspan="2">□迅速
□普通
□慢
□案件滞留</td><td>□合理正确
□一般
□不成熟</td><td>□优秀
□一般
□能力欠</td></tr>
<tr><td>健康情况</td><td>□非常健康
□一般</td><td colspan="2">□稍显虚弱
□无法工作</td><td colspan="2">对应选项的理由</td></tr>
<tr><td>性格特征</td><td colspan="5"></td></tr>
<tr><td>综合评判</td><td colspan="5"></td></tr>
<tr><td>院长意见</td><td colspan="5"></td></tr>
<tr><td colspan="6"></td></tr>
</table>

图3-1　法官考核调查表

	最高院 整理栏	
所属部门	本　职	
	兼　职	

能　力	法律知识及素养	
作为审判庭庭长是否合适	法律知识	素养
□合适 □一般 □不合适	□高水平 □一般 □不充分	□高水平 □一般 □不充分

平　成　　年　　月　　日		
考核人	职务	
	姓名 印	
平　成　　年　　月　　日		
院长	高等法院院长	
	姓名 印	
法院保管份		

3-1所示的法官人事评价书《法官考核调查表》。同时，最高法院对此附加说明指出，这是至1998年为止一直使用，1999年已经予以废止的表格。这份人事评价书的公开，使得一直处于秘密之中的法官评价制度的一端被呈现在世人的目光之下。这份表格由高等法院院长和地方法院、家庭法院院长记录所辖法官的相关事项，每年一次提交给最高法院。

正如《法官考核调查表》所显示的那样，调查表将评价项目在大类别上分为工作能力、健康情况、性格特征和综合评判等几个方面。工作能力又被进一步详细分类，分别设置了3～4个等级的评定内容。在性格特征和综合评判方面的内容由评价者自由记载。如果这些内容可以对外公开，那么地方法院、家庭法院的院长以及高等法院的院长对于其所管辖法官的评价，或许会变得更为鲜明。

但是，据曾担任地方法院院长的人员所称，在确定优劣等级时，并不会作出极端性的评价。当然，这并不符合全部情况，在宫本助理判事被拒绝任命以及对青法协会员发出退会劝告等一系列的事件中，院长之中也有对最高法院事务总局持批判性立场者。仅满足于表面形式即可的法院院长的存在不足为奇，虽然他们还不能被归入"面服心不服"者之列。

最高法院事务总局曾向各地法院院长发布考核调查表中自由记载栏的记载事例。这些事例内容如下，其中的评价者和被评价者均为匿名。

C法官

作为刑事审判庭的庭长，时常以向前看的立场处理问题。

在对陪席法官、修习生以及部下职员进行指导时也能确实把握时代要求，获得了深厚的信任和威望。能正确和迅速地处理案件。

能恰如其分地辨别公私界限，令人信任。拥有充分的领导和协调能力，以及能够根据时间和场合采取作出柔软应对的能力。作为本部门实质上的高级法官十分令人信服。有希望成为院长的后备人员。优。

A法官

本人公开声称“我是属于凡事拜托部下的那类人”，在对合议庭的全体人员的关注方面，对部下的指导方面，让人感到能力不够。在案件处理方面，认为“自己有自己的步调”，完全没有见到其具有应该与书记官之间进行协同作业的意识。一旦遇到争议问题，马上会采取迎合的态度。

可以说其属于随处可见的一般性法官类型。在全体法官之中，如果其能认识到自己应有的发展程度，那么可以期待其还能有所进步。

在作为审判庭庭长积极地教育和指导合议庭成员方面，对其难以有所期待。良或者良下。

O法官

性格恬然明朗的女性，人际关系良好。具有要强、自我主张强烈的一面。遇到不喜欢的工作时不考虑其他人的负担就无所顾忌地推给他人。反应不快。据说其追求所谓形式亮丽豪华之物，欠缺脚踏实地专研自己事务的动力。

担任民事左陪席法官已经3年，尽管在发现问题、资料的调查方法方面受到了教育，但并没有因此有所上进，据说遇到疑难案件会表现出逃避的态度。4月份调动到刑事部门之后，尽管在对问题的着眼点和观察力方面表现敏锐，但稍稍还显得不够细致精练。虽然具有特例助理判事的身份，但欠缺职业意识。不能坦诚地接受法院分院院长和审判庭庭长的提醒。今后有必要加强对其的指导工作。特例助理判事的业务水平之下。

从这些记载事例中可以看出，院长的评价意见里直接夹杂着其个人的“价值观”。但这些记载事例是由最高法院事务总局发布的，其暗中具有“依照这样的方式记载内容”的意味，因此，可以推测出迄今为止记载的，大多数属于“无关痛痒的”评价。由此可见，人事局并没有对考核调查表给予全盘的信任。

实际上，最高法院事务总局人事局就法官人事评价问题，曾于2000年两次向司法制度改革审议会提出相关文件。第一次是5月提出文件《关于法官人事评价的基准、评价内容对本人的披露以及不服申诉等事项》，就人事评价的实际状况作了如下说明。

每年都是听取了地方法院院长以及高等法院院长的意见后制订人事调动计划。这个时候，能够获取有关每位法官的工作情况、实力、人品以及健康状况等方面的信息。但是，对法官作出人事评价所根据的信息，则并不只有这样的方式（《法官考核调查表》——作者注），另外还包括通过其他各种各样的途径和方式取得的信息。例如，最高法院法官以及高等法院的法官在审理大量的上诉案件的过程中，能够通过判决和案卷记录，了解到下级审法官的工作情况和实力。尽管并不会全面地调查这些信息，但一旦涉及便会被记录在案。

在提出上述文件之后，7月提交的文件《司法制度改革审议会对于询问的答复》也指出，“在编制人事方案的时候，会在综合考虑高等法院院长和地方法院院长为主提出的各种人事方面的信息的基础上，最终由最高法院法官会议作出人事方面的决定”。

最高法院法官会议制定的人事决定的制度，则完全是形式而已。其中可以确定的是，并非只有如前所示的《法官考核调查表》成为评价的基础数据。除了以全国统一的方式形成的评价书为基础之外，人事局还会同时通过另外的途径自行收集相关信息。那么，这些路径的人事信息源头究竟在哪里呢？

（三）评价信息的源头

人事局并没有明确说明过源头所在。在不超出设想的前提下，从上面提到的人事局的文件这一路径可以看出，源头之一是从高等法院院长和高等法院的审判庭庭长之处收集到的信息。在上一章已经提到，他们中的多数在被任命为助理判事之后不久，就被调动为事务总局的局付，提拔到了司法官僚后备人员的位置。在局付的任职岗位上，也常常被派赴地方法院和家庭法院的工作，但最终会升职为事务总局的干部。在此之后，他们会升任为全国各地高等法院的院长或审判庭长。可以说作为司法官僚，他们本身就处于司法官僚的逻辑与行动的规范之中。就收集人数大约为3 500名法官的信息而言，他们确实可被称为关键人物。

另一个信息源头在事务总局的内部。如前所述，事务总局之中，除了官房系局之外，还设置有民事、刑事、行政和家庭四个案件局。这几个案件局承担着收集和分析全国各个地方法院和家庭法院、高等法院中判决以及诉讼指挥方面信息的工作。由于其工作之一就是保持法令解释和诉讼程序的“统一性”，因此，有关每一个法官的人事评价信息便会自然而然地传送到人事局内去。

除了这些信息源之外，人事局还会收集原告和被告的辩护人或代理人、检察官们言行举止方面正式或非正式的信息。司法官僚与他们也存在着日常的接触，主要在各种正式的会议场合。从这些来源获得的信息同样也可以充分地供法官的人事评价之用。所谓“综合考虑各种人事方面的信息”，切切实实地是指对这些信息的收集和以此为基础进行的人事评价活动。

相当长时期以来，法官的评价书以及评价书本身是否存在都被置于完全秘密的状态之中，具体的评价信息和评价程序也都未被公开，因此，法官人事的“封闭性”当然会受到来自内部的诟病。但是，这样的人事制度会因司法制度改革审议会的《意见书》而发生变化吗?

（四）人事评价制度的“改革”

1998年，最高法院事务总局废除了上述提到的《法官考核调查表》。自1999年开始，人事评价书采用了新的形式，由高等法院院长、地方和家庭法院院长自由记载相关内容。上述部分提到的2000年5月向司法制度改革审议会提出的文件中，最高法院事务总局说明了废除原来格式的人事评价书的理由，以及采用自由记载内容方式的有利之处。最高法院事务总局对此作了如下的说明。

这些项目（指《法官考核调查表》中的项目——作者注）设置本身未必合理。以这样的文件方式进行考核，对所设置的项目填入一定的评价文字，使得考核方式成为主体。这样的做法往往导致评价的视点被固定住，人物性格方面的特征记录等内容显得平淡无奇，多数情况下无法体现出被评价法官的实际形象。比较而言，不局限于设置的项目，而是根据考核对象法官所担任的工作、经验、个性等方面的情况，通过文字，采用合适的内容表达形式和自由记载的方式，能够更为贴切且具体地把握被考核法官的特点。这就是改变考核方式的理由。实际上，与过去的方式相比较，通过自由记载的方式可以减少千篇一律、平淡无奇的文字，进一步增加具体特点方面的评价内容。

然而，无论是上述固定评价项目格式的人事评价书，还是新采用的自由记载内容的人事评价书，在1999年的那个时间段都没有向被评价的法官公开。因此，上述对新采用方式的说明并不能够说服每一位法官。其实，这种自由记载的方式反而会更加难以保证评价本身的客观性。

司法制度改革审议会也对此表示出不满。《意见书》的“法官的人事制度变革（确保透明性和客观性）”部分表达了以下观点。

依据现行制度的规定，尽管下级法院的法官人事是作为最高法院运行的司法行政事务的一个环节，由最高法院的法官会议进行决定，但也有观点指出，作为决定前提的人事评价未必能保持充分的透明性和客观性。为了纠正这种现状，为了提高国民因法官的独立性而拥有信赖感，在充分考虑保持法官独立性（同时包含外部独立性和内部独立性）的同时，应该保证评价权人以及评价基准的明确性和透明性，保持评价所用资料的明确性和充足性，设置评价内容向本人公开，以及本人不服时可适用的合适程序等方面的制度，建设能够尽可能实现透明性和客观性的人事评价制度。

最高法院接受了司法制度改革审议会的这份《意见书》，于2002年7月设置了一般规则制定咨询委员会，开始着手探讨新的人事评价制度。该委员会的任务不仅仅针对人事评价制度，还对法官任命制度、国民参与法院运行工作制度等事项展开了审议工作。2003年12月，该委员会汇编完成《人事评价制度纲要案》。此后，2004年1月，最高法院制定了《法官人事评价规则》，并于当年4月开始施行。

（五）“新”人事评价制度与相关争议点

一般规则制定咨询委员会由法官3名、律师2名、检察官1名、原最高法院法官1名、最高法院事务总长、内阁法制局官员1名、法律学者3名、非法律学者2名以及地方自治体、调停协会、司法书士协会、言论界、财界和劳工界各1名共计20名人员组成。在委员会之下，设置有干事职位，其成员由最高法院事务总局的总务局长、人事局局长、审议官、参事官、相关的课长、法务省司法法制部部长、内阁法制局官僚、日本律师联合会的律师（2名）担任。

担任该委员会委员的宫本康昭在其所著的《法官制度改革过程的检证》一书中记载了委员会的审议详情。关于人事评价制度，书中指出，最高法院从一开始就提出了《人事评价制度纲要案》，从而走上了与讨论新的任命制度不同的路径。由此使得委员会的审议从现有制度的说明转变为最高法院人事局局长与部分委员之间展开的意见争论，其结果是最高法院的纲要案基本上获得了支持。

实际上可以看出，2004年4月起步的“新”人事评价制度，具有浓厚的最高法院司法官僚人事政策色彩。

这项“新”的人事评价制度所设置的评价方式，沿袭了1999年就采用的自由记载方式。其中，新规定的评价权人为高等法院院长、地方法院和家庭法院院长，除了高等法院院长之外，所有法官都成为被评价的对象。尽管在事务总局提出的纲要案中，地方法院和家庭法院院长也被排除在评价对象之外，但因委员们强烈反对，最终他们也被纳入评价对象范围之内。因此，未被列入人事评价范围的，只有高等法院的院长。

与过去的人事评价制度有所不同的是如下三处。第一，接受由作为评价对象的法官自己提交的自我评价书（“法官第三卡片”），且评价过程中面试成为必需环节。第二，根据作为评价对象法官的要求，公开评价书，设置不服时的申诉程序。但对申诉提出者没有设置听证规定。第三，针对评价对象的法官，新设置了多角度收集评价信息的内容，且明文规定可以从法院外部接受信息。

从制度论的角度看，这项“新”的制度至少在向全体法官告知评价制度的存在、评价书向本人公开以及建立不服申诉制度方面，或许可以说是向前迈进了一步。但是，从《法院法》的相关内容来看，将高等法院院长以及地方法院和家庭法院院长设定为评价权人，多角度收集评价信息这些规定，确实存在着一些问题。

《法院法》第80条规定：“司法行政的监督权，依照下列各项规定实施。”所列的各项规定中，第2项规定为“各高等法院监督本法院的职员和所管辖区域内的下级法院及其职员”；第3项规定为“各地方法院监督本法院的职员和所管辖区域内的简易法院及其职员”。该条文的主语是法院，而不是法院的院长。这是理所当然的条文表述方式，因为《法院法》第12条、第20条、第29条规定，司法行政事务由最高法院、高等法院、地方法院等各级法院的法官会议经合议决定。高等法院院长、地方法院和家庭法院的院长是法官会议的议长，只承担总结会议内容的工作。

对所管辖的法官进行人事评价，可以说是司法行政事务中居于“中枢”位置的工作，因此，相应的权限应该归属于各级法院的法官会议而非院长。在咨询委员会提出的纲要案中，被评价者不包括最高法院院长，因此最高法院院长是被排除在评价对象之外的。但是，如果回到《法院法》的原点来看，最高法院的法官会议无疑是评价权人。如果由全体法官组成的法官会议欠缺机动性，那么可以探讨是否充分发挥现在设置于高等法院和地方法院法官会议基础上的常设委员会的作用，或者在法官会议的基础上另行设置评价委员会。这些内容将在下一章中再进行探讨。

当高等法院院长、地方法院和家庭法院院长作为评价权人，在法院内部从多个角度收集评价信息时，其信息源头也主要限于高等法院的事务局长（或法官）和审判庭庭长（或审判长）这一范围之内，因而多角度收集评价信息本身是强化了法院内部的阶层结构而非弱化之。最高法院人事局主导“新”评价制度，其目的在于回应来自外部的对“确保透明性和公正性”的要求，然而，新的法官评价制度建立之后，似乎反而强化了事务总局对法官的“支配”。这是个难以无视的结果。

（六）大山临盆……

尽管难以穷尽诸如此类的问题，但核心问题是实际上的评价究竟是怎么实行的。以下这份文件是某位现职法官（暂且称其为A法官）根据向本人公开的程序申请获得的评价书。

极秘

评价书（平成××年）

A（姓名）　　　　　　　　　　　　昭和××年×月××日生

××期　　　　××地方法院××分院　法官

（事务处理能力。）

作为刑事审判庭的庭长，担任合议案件的审判长和独任案件（1.5开庭[1]）的审判工作。在法律知识方面，可以认为其具备了承担现在职务所必需的知识。案件处理总体上正确且细致。在判决方面不存在特别应该指出的问题。

在诉讼管理上，相当在意追求迅速的审判进程。在考虑支部的员额配置等情况的同时，也具备确定审理方案和日期方面的柔软性。合议庭管理方面也没有特别的问题。

（组织运营能力。）

平易近人地出入书记官室，与书记官能很好地进行对话。此外能够通过召开审判庭的会议的方式，指导培养书记官，提高其职业意识。事实上主持着与××律师协会××分会，以及与检察厅××分厅之间的意见交换会。协助分院院长的工作。适合担任审

1　工作量的一种核算方法。——译注

判庭庭长的职务。

（一般性资质和能力。）

开朗，人品良好。

平成××年×月×日

××地方法院院长　　××××印

在地方法院院长的意见之上无特别应该追加的内容。

平成××年×月××日

××高等法院院长　×××印

如这份评价书的内容所显示的那样，其中完全没有指出是否存在“问题”，评价结论为“成绩良好”。A法官对此评价持有疑问。第一，人事局强调现在的人事评价制度中，还要在人事资料中加入以促进法官自我启发和自我钻研为目的的材料，但这份评价书中完全没有在自我钻研方面给出任何有意义的建议。第二，如这样就被评定为“成绩良好”，与同期的其他法官相比较，A会感到这是一个不能不接受的较低定位。

A法官就此提出申诉，要求获得“正确的”评价。对此，他得到的回复是一份可以说是“振振有词”的文件。

今就××法官所提申诉进行了调查，结论为该申诉理由不成立。另外，本评价书所记载的评价内容，是以此次评价期限为对象，针对的是现在的工作状况，所提到的判决方面的事项，意味着其水平并不存在问题，因此理所当然不涉及结论是否合适的问题。

平成××年×月××日　　××地方法院院长　××××

对于本件申诉案件，同意地方法院院长之意见。

平成××年×月××日　　××高等法院院长　××××

2004年4月人事评价制度启动之后，虽然并不清楚其采用的评价书上是否都加了记载为“成绩优秀”或者“成绩良好”的结论，但这类成绩记载大概会占一大半。提出申诉的当然不会只有A法官一个人，申诉者都提到的共同问题是，作为“无理由”“回答”内容中的一句话，即“本评价书所记载的评价内容，是以此次评价期限为对象，针对的是现在的工作状况”。评价书汇集到人事部门后将予以公布，因此年轻法官今后必然会去学习这些被认定为“成绩良好”的行动，但这恰恰会矮化法官的形象。与此同时，对于中坚和资深法官而言，这样的评价等同于表述为“今年成绩良好，因为有过去的资料为证”。对如此的评价制度，难以认定其具有透明性和客观性，因此，来自这些法官的诟病未必属于“不当”。

由此可见，法官评价制度作为一种公开的制度，势必会给每一位法官造成一定“威压”。只要由最高法院人事局明确评价书为法院之间调动、升等和薪酬等方面的基础资料，就会促使法官强化自己是地方法院院长和高等法院院长认为“值得记住”的人的心绪。

但是，向本人公开的是地方法院院长所作出的评价。这些评价中如无让被评价人尴尬的内容，被评价人心情自然愉快。假设评价书中“露骨”地写入了批评内容，院长与被评价的法官之间的人际关系会走向恶化。如发生此种情况，该院长的资质或地位也会受到质疑。

总之，对于最高法院人事局的人事行政而言，对A法官所作的这类人事评价书，难说有什么有价值之处。正如前文曾引用过的，由最高法院向司法制度改革审议会提交的文件切实所称的那样，作为一个不得不承认的事实，人事局迄今为止还通过其他路径来收集人事信息。另一方面的问题将在下一节中触及，在此可以看出，这项人事评价制度改革堪称“大山临盆，生只耗子”。

四、法官任命制度

（一）下级法院法官提名咨询委员会的设置

在建设“新”人事评价制度的同时，一般规则制定咨询委员会也在探讨新的法官任命制度。2002年12月，该委员会向最高法院提交了两份答询意见，即《关于下级法院法官提名咨询委员会的设置规则》《确认事项》。最高法院接受答询意见后，于2003年2月制定了最高法院《下级法院法官提名咨询委员会规则》。该规则于当年5月1日开始施行。

本书第一章曾对该规则作了简单介绍，最高法院通过制定该规则，将外部视线引入了迄今为止由最高法院制作的法官提名名单上。该制度的概要如下所示。

第一，最高法院中设置下级法院法官提名咨询委员会。该委员会由中央委员会和8个地域委员会组成。其中，中央委员会由11名委员组成（法曹委员5名、非法曹委员6名），地域委员会则分别设置在8个高等法院管辖地域，其委员由法曹委员3名、非法曹委员2名（必要的时候可增加至10名）组成。中央委员会在接受自最高法院提出的申请任命和再任命者名单后，对该名单进行审查并在此基础上给出任命是否合适的答询意见。地域委员会则根据中央委员会的要求,从事收集信息等方面的工作,向中央委员会报告。

第二,最高法院就申请任命和再任命者名单,向该委员会提出咨询要求。该名单上不附加任命是否合适的意见。其中,向中央委员会提交的除了名单之外还有简历,向地域委员会提交所管辖地域内被提名者的名单和简历。

第三,当最高法院提名的人员是中央委员会认为不合适者,或者最高法院未提名中央委员会认为的合适者时,最高法院将向该委员会告知相应理由。

第四,当最高法院未提名申请者时,须向本人公开理由。但是,对此没有设置申诉以及再申诉审理的制度。

第五,被提名者是任期10年届满的助理判事和判事、司法修习结业后申请助理判事职位者、律师中申请担任法官者,以及"派遣"至行政机关的工作结束后申请恢复法官身份者。但是,由高等法院院长任命为判事或助理判事之外的官职的,不在审查范围之内。

第六,委员由最高法院任命,任期为3年,可被再任命。

司法制度改革审议会《意见书》指出,"应该设置选考应被提名的合格者,并就选考结果提出意见的机关",下级法院法官提名咨询委员会就是对应此要求而设置的机构。司法制度改革审议会认为可以此方式提高国民对司法的信任程度。

前面提到,迄今为止的法官提名名单是由最高法院事务总局在"密室"之中编制,经最高法院法官会议的决议之后向内阁提出,之后由内阁任命法官。在战后的司法行政史上,内阁从未就提名名单作出过任何部分修改。仅在这一点上,最高法院事务总局就一直被认为存在着“密室”性质的问题。

正因为如此，下级法院法官提名咨询委员会的设置，在一定范围内得到了很高的评价，被认为属于战后司法制度中“里程碑”性质的改革。尽管有了这项改革，但问题在于，新的任命制度究竟在多大程度上可以约束最高法院事务总局所掌握的实质性人事权限。

（二）法官提名咨询委员会的成员

下级法院法官提名咨询委员会的中央委员会和8个地域委员会的成员如表3-1和表3-2所示。

表3-1　下级法院法官提名咨询委员会——中央委员会委员

（截至2008年8月）

伊藤真	早稻田大学研究生院法务研究科教授
井堀利宏	东京大学研究生院经济学研究科教授
大川真郎	律师、原日本律师联合会事务总长
奥田昌道（委员长）	京都大学荣誉教授、原最高法院判事
河村博	最高检察厅公判部部长
富越和厚	东京高等法院判事
永井敏雄	东京高等法院判事
中田裕康	东京大学研究生院法学政治学研究科教授
夏树静子	作家
平木典子	东京福祉大学研究生院教授
堀野纪	律师、原日本律师联合会事务总长

表3-2　下级法院法官提名咨询委员会——地域委员会委员

（截至2008年8月）

东京	池田修	东京地方法院院长
	井都俊子	圣路加看护大学校长
	岩村修二	东京地方检察厅检察长
	上原敏夫	一桥大学研究生院法学研究科教授
	远藤哲嗣	律师（第一东京律师协会）
	加藤哲夫	早稻田大学图书馆馆长
	城口顺二	律师（埼玉律师协会）
	清家笃	庆应义塾大学商学部部长
	田中由子	埼玉家庭法院审判长
	增田畅也	横滨地方检察厅检察长
大阪	河内镜太郎	读卖新闻大阪本社专务董事总务局长
	佐伯照道	律师（大阪律师协会）
	佐佐木茂美	大阪地方法院院长
	三浦正晴	大阪地方检察厅检察长
	三井诚	同志社大学研究生院法学研究科教授
名古屋	麻生光洋	名古屋地方检察厅检察长
	大岛宏彦	中日新闻社董事最高顾问
	河野正宪	名古屋大学研究生院法学研究科教授
	田中清隆	律师（爱知县律师协会）
	野田武明	名古屋地方法院院长

（续表）

广岛	今中亘	中国新闻社顾问
	小西秀宣	广岛地方法院院长
	田边诚	广岛大学法科研究生院教授
	长井博美	广岛地方检察厅检察长
	二国则昭	律师（广岛律师协会）
福冈	坂本雅子	福冈市顾问
	永尾广久	律师（福冈县律师协会）
	仲家畅彦	福冈地方法院院长
	南部义广	福冈地方检察厅检察长
	西村重雄	福冈工业大学社会环境学部教授
仙台	阿部则之	仙台地方法院院长
	加泽正树	仙台地方检察厅检察长
	坂田宏	东北大学研究生院法学研究科教授
	铃木宏一	律师（仙台律师协会）
	野家启一	东北大学研究生院文学研究科教授
札幌	市川茂树	律师（札幌律师协会）
	长井敬子	人权保障委员
	山崎学	札幌地方法院院长
	山本信一	札幌地方检察厅检察长
	吉田克己	北海道大学研究生院法学研究科教授
高松	井原理代	香川大学研究生院地域管理研究科科长
	近藤浩二	香川大学荣誉教授
	佐藤武彦	高松地方法院院长
	西岛吉光	律师（爱媛律师协会）
	松田章	高松地方检察厅检察长

按照最高法院规则的规定，委员会中法曹与非法曹委员的构成为：中央委员会中被任命为委员的有现职的东京高等法院判事2名、最高检察厅公判部部长、律师2名。中央委员会委员长奥田昌道是作为非法曹委员被任命的，但他是原最高法院的判事。

地域委员会中，各级别相同的高等法院所在地的地方法院院长和地方检察厅检察长被任命为委员。后面会提到，这里还留有地域委员会应中央委员会的要求收集特定法官信息的问题。这里应该注意的是，高等法院所在地的地方法院院长，其本身就是司法官僚机构中的组成人员，且他们中的大多数人是经事务总局培养起来的，属于拥有资深经历的司法官僚。

总之，如果此项改革的目的是为了法官任命制度能够获得国民的信任，那么市民代表占比存在着实质性过低的问题。

（三）委员会的审查程序

宫本康昭指出："非常重要的是，最高法院必须不附加条件地提出咨询要求。提名咨询委员会不受最高法院的意向和内心想法所左右，虚心地以主体的立场判断被评价者担任法官是否合适。"但问题是，实际上已经起步的法官提名咨询委员会，是否会如宫本所"期待"的那样运行呢？

中央委员会第一至第三次会议审议了审查程序，于2003年8月1日制定了《关于提名是否合适的审议顺序和方法》。这份文件的内容基本上沿袭了事务总局向第一次会议提出的《检讨用征求意见案》。下面将以此文件为适用规则，来观测相关审查程序如何适用于从助理判事升职为判事的任命以及判事的再任命事项（见图3–2）。

如上所述，最高法院将申请任命者的名单和简历提交到中央委

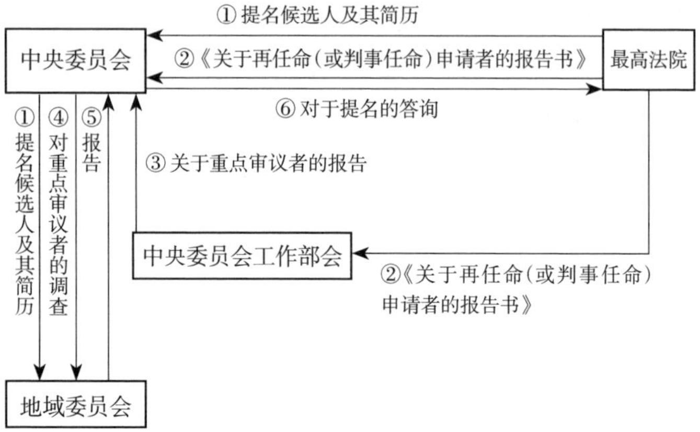

图3-2　下级法院法官提名咨询委员会的审议程序

员会和地域委员会。之后,中央委员会为了实质性地审查为数众多的被提名候选人,首先在提名是否合适方面,划分出需要“慎重”判断的人员(“重点审议者”),对其进行重点审议。

第一层次划分出重点审议者所用的方法是,最高法院向中央委员会提交由地方法院院长等人制作的内容详细的《关于再任命(或判事任命)申请者的报告书》。但是,在此程序的前段部分,建立了一个由5名委员(三部分法曹中各1名,学识渊博经验丰富者2名)组成的工作部会,由该工作部会首先根据上述报告书来确定“重点审议者”。因此,实质上是工作部会承担划分“重点审议者”的工作,委员会接受工作部会的报告后确定“重点审议者”。

中央委员会针对“重点审议者”,在向最高法院要求提交追加性资料的同时,也要求地域委员会收集“重点审议者”的信息并作出报告。地域委员会从所管辖的地域范围内的检察厅、律师协会等机构收集与此相关的信息,并在认为必要的时候进行“面试”。在此基础上，地域委员会将这些信息向中央委员会报告。

中央委员会以地域委员会提供的信息以及最高法院提供的信息（地方法院院长制作的详细报告书、所指出问题的资料以及与人事评价有关的资料等信息）为基础，对“重点审议者”展开审议，就他们是否适合担任法官之职向最高法院作出答询意见。

那么，这些真的是不附加任何条件的咨询吗？

即使仅着眼于已公开的审查程序，也可以发现，在此范围之内，新的法官任命制度中还存在着不少的疑问。在最高法院向咨询委员会提出申请被任命法官者名单的阶段，的确没有附加任何条件，即属于“白纸”状态的咨询。但是，先于中央委员会审议程序就开始确定“重点审议者”的是工作部会。工作部会如文字所表述的那样，独立于最高法院事务总局人事局，精读地方法院院长等人员提出的全部《关于再任命（或判事任命）申请者的报告书》，同时自行展开调查，从而划分出“重点审议者”。工作部会的审议完全不公开，因此不能将其定位为只是形式性的“审议”而已。

尽管规定有这样的审议方式，但与上述的人事评价书不同，由地方法院院长等人制作后提交至最高法院的《关于再任命（或判事任命）申请者的报告书》可以说是另一份人事评价书。当然，这份人事评价书被作为“极秘”文件处理，而且也不存在向本人公开的程序。最高法院事务总局就其应该设置什么项目，以怎样的标准制作报告等内容，直接向地方法院院长等人作出指示。因此，至少最高法院事务总局会就“重点审议者”的初步方案对工作部会作出指示，工作部会自然会考虑该初步方案并从中确定“重点审议者”。实际上，中央委员会从未就工作部会确定的“重点审议者”提出过再审查的要求。

在地域委员会提出的“重点审议者”报告方面，地域委员会的组成委员中，高等法院所在地的地方法院院长是其中的关键人物，在《关于再任命（或判事任命）申请者的报告书》中，或许也应存在作为地域委员会成员的地方法院院长自己所记述的内容。有关高等法院管辖地域内的地方法院和家庭法院判事的信息，会通过各种路径汇集到他们的手中。因此，地域委员会的报告究竟保持了怎样的“公正度”，这也成为一个疑问。

在最高法院的官方网页上，公开刊登着中央委员会的《议事要录》。但就其内容而言，也只是“要录”而已，并不能让人知晓议事的详细过程。当然，“重点审议者”从一开始就会涉及申请被任命法官者的个人隐私，因此难以公开全部的相关信息。但是，中央委员会的会议中，事务总局的总务局局长、审议官、第一课课长会以“庶务”的身份出席，事务总局的人事局局长、任用课课长作为“说明者”也经常参加会议。因此，如果官僚制的“原点”在于事务局的支配，那么中央委员会的所谓“自律性”究竟会是什么呢？

这项新的法官任用制度实施以来，每年有3～6名助理判事会在升任判事，或者判事在再任命之时被认为“不合格”。在此之后，也有法官主动撤下了任命法官的申请。出于这些原因，最高法院驳回任命法官申请的人数开始下降。当然，《法院法》并没有将判事的再任命保障设置为“当然的权利”，相应地基于判事和助理判事的工作能力以及健康状况等方面的原因，也同样会被认定为无法承担审判工作。

但问题并不在这里，问题在于确定“重点审议者”所依据的究竟是什么基准和程序。有关规则没有公开发布过。在司法官僚主导之下，由于欠缺说明责任，“重点审议者”名单初步方案被制订之后，有关法官任命申请者的不附加条件的咨询，则完全落入了形式主义的表演。也正是出于这些原因，有观点认为，现在年轻的助理判事和判事，其思想和信条变得浅薄，欠缺了基于自身责任对案件进行判断的气魄。即便如此，就宫本助理判事的法官任命申请遭驳回的事件而言，比较当时那样的事态，很难判断现在类似事件不会以更为“智能”的方式再次发生。

归纳上述内容，可以断定的是，法官任用仍然没有改变由最高法院事务总局通过自身的裁量，采用非固定形式的人事管理规则，即基于非明示的规则的方式。

（四）院际调动、晋升、薪酬和法官的独立

对于作为职业法官的判事和助理判事而言，律师可以成为其后续的职业生活之路，因此这似乎应该是他们最为关心的人生事项。实际情况却并非如此，早在新的任用制度实施之前，驳回法官任命申请就不是最高法院无目的的作为。因此，多数法官在现实生活中关心的重要事项，是院际调动（或转岗）、升职和薪酬等与职业地位相关的人事政策。

无论对于法官还是社会人而言，这些都是一个专业人员所必然考虑的重要事项。战后司法改革最为重要的内容在于，将司法权的“独立”建立在法官的“内在的独立”之上，并以此理念构筑起新的司法制度。支撑起各级法院的“分权与自治”和法官的“独立与自治”的基本保障在于，法官的地位不受任何人的侵害，以此维护审理的专业属性。如果法官脑中需要考虑“作出这样的判决的话”是否会影响工作地点、职位和薪酬等事项，就无法保证法官的独立性，进而各级法院的“分权与自治”功能也会丧失殆尽。

但是，如本章至此所触及的那样，司法官僚机构制度的发展导致

最高法院人事局实质性地掌握法官调动、升职和薪酬方面的决定权限，由此动摇了法官的“内在的独立”。或者反过来可以说，由此生产出不断地倾心于司法官僚机构动向的法官。所谓“比目鱼法官”一词，就是批评这种具体的病理现象所使用的词汇。

（五）院际调动和晋升的非定形性

前面部分曾叙述了法官的院际调动（或转岗）方面外形性的规则，在此可再次归纳其要点如下。《法院法》第48条规定法官的人事变动必须经本人同意。每一年法官都会提交记载有所申请的工作地点和担任事务内容的“法官第二卡片”。一般情况下，法官从助理判事时期至被任命为判事之后的两年半为止，通常每3年，此后为每4年或5年调动一次。地方法院和家庭法院的审判庭庭长（或审判长）为了避免频繁的职务交替变动，原则上有5年的在职稳定期。

每年固定的人事调动时间是4月。在此时间的两个月之前，地方法院和高等法院院长在接到最高法院人事局的通知之后，会发布有关调动事项的内部告示。大多数法官碰到的问题是，在接受了3～5年的院际调动“规则”后，也不清楚出于什么原因被调往某个法院，或者在被调往的法院中可以承担怎样的工作。据一些法官称，由于内部告示尤其无视被调往法院与法官家属生活工作状态之间的关系，曾有地方法院院长通过高等法院向事务总局做工作，要求留任或变更调往的法院。然而，即使在这种情况中，地方法院院长本身也未必知晓调往某法院的理由，或者没能获得明确的理由说明。

总之，正如前面引用的我妻荣教授所指出的那样，战前时期尽管并没有区分“陆上派”和“海上派”，但是既有一直在大城市圈之外的中等规模城市的地方法院或分院工作的法官，也有从地方小规模机关调至法官们所称的位于大都市圈的A机关的法官。反之，也存在从A机关向地方上的小规模机关的院际调动。

民间企业或者行政机关在将人员调动至他处时，上司会指出调动的理由、在调往单位期待其发挥的作用等事项，而法官在院际调动时，最高法院人事局则并不向被调动的法官说明调动理由和新的工作内容。也由于这个因素，法官之间会陷入疑神疑鬼的猜忌之中，猜测调动或许是“对判决内容的制裁”，或者反过来揣摩“是否是对判决的奖励”，“是否平时不受院长或审判庭庭长喜欢”。

（六）院际调动——“制裁”或是“奖励”的手段

尽管近来一段时间没有听到法曹界对这方面问题的揭露，但实际上自最高法院提出从青法协退会劝告的1970年至20世纪80年代的这段时间内，还是能够显而易见地查阅到因言论、行动或判决而作出的可以称之为“制裁”的人事措施。

例如，花田政道就是此类人事措施的遭遇者。花田是青法协法官部会的负责人，积极策划布置有关“司法危机”话题的讨论，并担任全国法官恳谈会的召集人。他作为法官的最初任职地是东京地方法院，也曾被派往美国留学，属于精英法官中的一员。此后他于1972年被调往广岛地方法院和家庭法院吴分院，1976年调至东京家庭法院。1979年，他又被调动到横滨地方法院和家庭法院横须贺分院，8年后，于1987年申请辞职。

另一位与花田一同参与了青法协活动的安倍晴彦法官，曾于1972年在福井地方法院的一项判决中认定尊亲属杀人属于重罪的规定违反《宪法》(最高法院则于1973年4月才变更判例，认定为违宪)。在该判决中,安倍只是右陪席法官而非审判长,在青法协中还担任评论人工作。就日本社会的传统价值观而言,因对尊亲属杀人的法律性质认识不同,形成了严重的社会对立。在这个社会背景中,地方法院层面上作出的这项判决或许触怒了事务总局,也或许是因为他在青法协中的言论和行动所导致的结果,安倍于1974年被调至横滨家庭法院,继而又被调至浦和地方法院和家庭法院川越分院、静冈地方法院和家庭法院滨松分院,接着又被调回浦和地方法院和家庭法院川越分院,如此反复往返,最后被调动到东京地方法院八王子分院。1998年,安倍法官在退休后离开了法院。

尽管这只是个例而已,但通常会遭到“冷遇”的还有如下法官:如在以宫本助理判事任命被拒事件为契机而诞生的全国法官恳谈会中,担任代表召集人的法官;甚至虽然只是青法协的一般会员,但受到最高法院事务总局退会劝告后依然固执己见的法官。

青法协事件发生之后,由于法官们针对司法行政的批判性言行逐渐变少,相应地,属于“制裁”性质的人事措施也就难以浮出水面。但是,欠缺说明责任的人事管理制度,运行疑神疑鬼的工作环境,作为一种战略或战术手段催生了集权性人事管理制度的果实,因而也制造出了与保障法官“独立”(内在的独立)相反的命题。

在很多情况下,院际调动同时也意味着职位升等。对于一般法官来说,就任审判庭庭长是职位升等的第一步。但是,迄今为止在这方面并没有明确的规则。伊东武是指出:“到1955年左右为止,过去的做法是在最高法院提名之前,先要履行听取各个下级法院法官会议意见的程序,最高法院实际上也是在遵从这些意见的基础上制作提名名单。在这之后，法官会议的该项权限被剥夺，如今的制度是：在听取地方法院院长和高等法院院长的意见之后，由最高法院确定提名人选。”在以最高法院事务总局为顶点的司法官僚机构中，地方法院院长和高等法院院长属于其中的组成部分，因此，实质性的权限无疑由事务总局掌握。

如观察2008年大阪高等法院中判事的人员结构与司法修习时期的关联性，以此为例便可知晓的确难以辨析清楚人事规则究竟是怎样的。大阪高等法院院长金筑诚志（现为最高法院判事）是第21期司法修习生，他手下有20名审判庭庭长，分别为第20至第26期的司法修习生。其中，较院长司法修习届次年高的有第20期的2人，同期的有3人（普通判事中也有与审判庭庭长同期的法官）。此外，第23期的有1人，第25期的也是1人，第26期的有2人。一般而言，大阪高等法院的判事属于精英法官，但即使这些被视为精英的法官之中，所设置的“序列”也与司法修习年次并不相关。显然这已经不在通常所称的一切都要贯彻年功序列的范围之内了。这里还需要指出的是，序列的选任基准也没有向任何人作出过公示。既然大阪高等法院都是这样的现状，那么推而广之，地方法院和家庭法院的情况也应该如此了。

（七）无规则的涨薪

法官的薪酬是根据《法官薪酬等事项法》的规定，由最高法院制定的《法官、检察官薪酬俸给表》（见表3-3）设置。其中，最高法院院长、最高法院判事、东京高等法院院长以及其他高等法院院长的薪酬为定额制，判事的薪酬分为八号至一号的8段，助理判事则自十二号至一号分为12个层级。

表3-3　法官、检察官薪酬俸给表（截至2008年4月1日）[2]

法官			检察官		每月薪酬（日元）	初任薪酬调整补贴（日元）
最高法院院长					2 071 000	
最高法院判事			检察总长		1 512 000	
东京高等法院院长					1 448 000	
其他高等法院院长			东京高等检察厅检察长		1 341 000	
			副检察长、其他检察长		1 235 000	
判事	助理判事	简院判事	检事	副检事		
1			1		1 211 000	
2			2		1 066 000	
3		特	3		994 000	
4		1	4		843 000	
5		2	5		728 000	
6		3	6	特	654 000	
7		4	7	1	592 000	
8			8	2	533 000	
		5		3	448 600	
	1	6	9	4	430 600	
	2	7	10	5	395 900	
	3	8	11	6	370 500	
	4	9	12	7	346 600	

2　最高法院编：《法院数据汇编2008年版》，案例调查会。

（续表）

法　　官			检　察　官		每月薪酬（日元）	初任薪酬调整补贴（日元）
	5	10	13	8	323 100	19 000
	6	11	14	9	307 100	30 900
	7	12	15	10	288 700	45 100
	8	13	16	11	278 000	51 100
	9	14	17	12	254 200	70 000
	10	15	18	13	245 200	75 100
	11	16	19	14	234 400	83 900
	12	17	20	15	227 000	87 800
				16	215 000	
				17	206 600	

这里先不讨论这样的薪酬分级是否过细。与行政机关公务员的工资等级等薪酬结构相比较来看，两者确有不同。毫无疑问，判事初次担任法官时的薪酬自然从八号起步，其后则不存在如行政机关公务员那样每年定期涨薪的明示规则。即使薪酬获得提高，其涨薪时间也不限于年度起始时。一般情况下，所有法官的薪酬都可以升到四号，但四号向三号升级时就被设置了“门槛”。

首先通过下面这个事例来认识基本薪酬的相关事项。假设有P法官与Q法官两人，他们的薪酬情况如下。

P法官从八号薪酬起步，9个月后升至七号，之后从七号升至六号的时间为9个月，从六号升至五号的时间为3年6个月，从五号升至四号的时间为3年6个月，从四号升至三号的时间为2年6个月。从这个规律来看，如果从被任命为助理判事起步开始计算，到获得三号薪酬为止需要经历21年。此后，他升到一号的等级后退休离开法官序列。

Q法官从八号薪酬俸给起步升至七号经历了9个月，从七号升至六号的时间为1年6个月，从六号升至五号的时间为4年6个月，从五号升至四号的时间为3年6个月，从四号升至三号的时间为3年6个月。从被任命为助理判事岗位到获得三号薪酬为止大约经过了24年。之后他的薪酬级别一直被固定在三号上面。

尽管这只是个例，但可以看出薪酬升级方面并无规则性可言。薪酬（或涨薪）的决定权虽然仍由最高法院法官会议执掌，但实质上行使该权限的是最高法院事务总局的人事局。2000年5月，人事局在针对（前面引用过的）司法制度改革审议会质询的回答中，尽管指出“只要没有长期病休等特别的事由，基本上同期的法官都一律能够获得八号至四号的薪酬俸给”，但是，如着眼于细微之处，无疑还可以看出其中存在着相当程度的差距。不仅如此，此后所获的待遇也明显不同。总而言之，涨薪方面无规则可循，而相关事项又不向每一位法官作出说明。仅仅这些事项就可以构成对法官的心理和行为产生影响的因素。

最后，可以将本节的内容归纳为以下这段文字。在司法制度改革审议会的活动之中，法曹界的许多相关人士认为法官的任用、院际调动、待遇等方面在制度上的不透明性来自最高法院人事局的裁量，并就此展开了讨论。之所以产生新的人事评价制度以及法官任用制度的“改革”，便是对此讨论的一种回应。然而，正如上述内容所反映的那样，在新人事评价制度基础上，至关重要的措施是向被评价者本人公开评价书。但是该项措施没能改变人事局裁量的不透明性。同时，新的法官任用制度中导入了由地方法院院长提出《关于再任命（或判事任命）申请者的报告书》这一项新人事评价书制度，只不过这项新制度仅仅补强了最高法院事务总局承认的各种人事信息而已。《关于再任命（或判事任命）申请者的报告书》也并非只在“再任命（或判事任命）”之时才被使用，被任命、再任命的判事在院际调动、升等和涨薪时，该信息也会发挥相当大的作用。

目前制度发展的结果是，新的人事评价制度在实施的同时，也推进了强化最高法院事务总局的司法官僚对法官人事控制的倾向。

五、对判决进行管理吗？

（一）具有冲击性的独家报道

1974年9月1日，第十六号台风带来的暴雨导致东京都狛江市多摩川决堤，洪水冲垮了19栋居民住宅。房屋连续不断被冲走的电视报道图像深刻地留在许多人的记忆之中。多摩川属于由建设大臣（现为国土交通大臣）管理的一级河川，河堤溃决之处属于建设省直接管辖地域。灾后，33名受灾居民以国家为被告，依据《国家赔偿法》提起了损害赔偿的请求。这就是多摩川水灾诉讼。

东京地方法院进行了一审，于1979年1月25日判决居民一方胜诉。此后受理国家一方上诉（控诉审）的东京高等法院，于1987年8月31日作出二审判决，撤销一审判决，使一审胜诉的受灾者一方反转败诉。该项判决受到了密集的批评，甚至建设省所属的多摩川水灾调查技术委员会都认为堤坝溃决之处的拦河堰等处存在结构上的缺陷以及管理不善的因素。

多摩川反转判决之后经过两个月,《朝日新闻》于1987年11月8日以一整版的篇幅报道称最高法院事务总局曾于1983年12月2日召开全国地方法院和高等法院水灾诉讼承办法官参加的法官协议会。该次法官协议会之所以受到特别的关注,是因为会议召开时间正好是在大东水灾诉讼最高法院作出判决(1984年1月26日)的前夕。

进入20世纪70年代后叶,在高速城市化的同时,由于降水量增加、河流流速增快,且河川改建整修作业迟缓等,各地水灾频繁发生,请求国家补偿的诉讼也因此接连发生,大东水灾诉讼就是其中一例。大东水灾诉讼是因流经大阪府大东市的寝屋川支流洪水泛滥而引发的请求补偿的诉讼案件。最高法院对大东水灾诉讼的判决决定了该判决之后各地水灾补偿诉讼的走向。

律师竹泽哲夫在《关于水灾案件的法官协议会内容和问题点》一文中,详细归纳了水灾诉讼承办法官参加的这次法官协议会的内容和法律上的问题点。协议会上反映出的最高法院民事局的见解要点为:按照现阶段河川管理的一般性水平,在相当的期间内和相当的范围内,河川管理者的责任方面存在可以免责的空间,因而,应该建立起符合河川管理现阶段一般性标准的安全基准,以此作为判断是否存在瑕疵的判断基准。该见解意味着,在河川管理方面有时也会出现超出预测范围的问题,法院并非单纯地依据工程学上的安全标准理论和技术作出裁判,而是应该在以实际被采用的技术标准为前提的基础上,单独考虑应有的安全标准,并以此判断河川管理者的责任。

实际上,正是基于这样的"法理",大东水灾诉讼才判决居民一方败诉。正如竹泽律师所指出的那样,无法回避的疑问是,最高法院事务总局民事局是否预先知晓最高法院对大东水灾诉讼的判决,为了传达该判决的信息才召开了这次法官协议会。此后多摩川水灾诉讼中东京高等法院作出反转判决时认为，按照灾害发生之时已有的技术水平，拦河堰等设施在结构方面并不符合安全标准，存在着改进的空间；但是鉴于不能具体且明显地预测到如果不立即启动相应的改建工程就会产生堤坝内的灾害结果，建设大臣对河川的管理不存在瑕疵，无须依据《国家赔偿法》承担赔偿责任。

显而易见，1987年东京高等法院的判决也如最高法院对大东水灾诉讼的判决那样，其论证的基础是建立在此前召开的法官协议会的讨论基础之上。之所以这样认为，是因为水灾并不是在工程进行过程之中河川洪水泛滥所致，而是在建设工程竣工之后发生的大型河川的堤坝溃决。(多摩川水灾诉讼于1990年12月由最高法院判决发回东京高等法院重审。东京高等法院据此作出重审判决，于1992年12月判决居民一方胜诉。建设省依据当时的河川建设规划，已经确认低于基本流量标准的水流量所导致的堤坝溃决，以及拦河堰等设施的结构存在缺陷，因此基于此前提而言，可以说这是一项理所当然的判决。)

对相应问题，以在野法曹为中心的律师们的担忧日益增加。以上述《朝日新闻》整版报道以及多摩川水灾诉讼东京高等法院判决为契机，最高法院事务总局在一直采用的通过人事制度控制法官的方法之外，似乎又增加了通过法律解释或判决内容控制的方法。这两种控制方法相互密切关联，构筑起了事务总局对下级审法院和法官的“支配性”基础。

(二) 什么是法官会同会和法官协议会

所谓法官会同会和法官协议会，是指法官针对法令解释或诉讼制度运用等方面的事项进行“协议”的方式，其设置于最高法院成立之时。法官会同会和法官协议会有两个种类：最高法院主持的；由8个高等法院根据最高法院的指导，召集在其管辖范围之内的法官所进行的。法官会同会与法官协议会之间的区别虽然未必非常清晰，但一般而言，法官会同会基本上定期举行，原则上全体法官都要参加。法官协议会则如上述召集水灾案件承办法官举办的那样，是针对特定的主题，由事务总局组织，指定参加机构和出席者召开的会议。

虽然最高法院事务总局以及曾任最高法院判事者一直声称法官协议会“完全只是法官研讨的方式”，但来自外部的观点对此提出批评，认为这是司法官僚“控制法官的方式”，进而质疑法官协议会侵害了审判的独立性。

刑事诉讼法学家小田中聪树所著的《法官会同会和法官协议会——对战后刑事审判的相关考察及其问题点》是针对法官会同会和法官协议会的先驱性研究成果。

小田中在这项研究中，以《法院时报》（最高法院事务总局编）、《刑事审判资料》（最高法院事务总局编）和《法院沿革史》第一、二卷（最高法院事务总局总务局编）为资料，详细分析了最高法院自成立起至1972年3月为止的25年间有关法官会同会和法官协议会的召开情况、主题、内容等事项。该时期法官会同会和法官协议会的主题都可在相关论文中查阅到，小田中在该书中就法官会同会和法官协议会的实际状况归纳出如下几点。

第一，由最高法院事务总局（涉及刑事审判事项时由刑事局）裁量决定法官会同会和法官协议会什么时候，以什么主题召开。所确定的主题未必与第一线法官所关心的问题相一致。法官协议会上的协议事项由各个部门的出席者事先提出，在很多情况下由刑事局自身提出需要协议的问题。

第二，由最高法院判事担任全国法官会同会的议长（高等法院召集的法官协议会则由高等法院院长或审判长主持）。最高法院院长在作训示之后，刑事局局长就主题的主旨和问题点作出说明，有时也会暗示刑事局的结论。此后由各个部门就协议中各自所提出的问题作出说明并进行答疑。最后由刑事局局长归纳意见。

第三，大多数法官会同会的参加者或列席者是东京高等法院院长、东京地方法院院长和东京家庭法院院长等拥有司法行政职务的人员，其他的许多列席者来自法务省和最高检察厅。对此，小田中指出："理所当然地允许作为诉讼一方当事人的检察官或政府的代表人列席会议的态度，表明在旧《宪法》和旧《刑事诉讼法》之下形成的法官和检察官一体感至今仍未被切断。"

第四，最高法院院长训示和刑事局局长说明的内容都刊登在《法院时报》上，法官会同会的《议事（要点）录》有时会刊登在《刑事审判资料》上。此外，法官会同会的出席者也会在各个部门的法官会议或者研究会上，以口头或书面的方式报告相关内容，但有时报告中的协议内容会被省略，剩下的只有刑事局局长的意见。法官会同会的结果，有时也会通过最高法院内部通告或通知的方式传达到各个部门和各个法官。

第五，在全国法官会同会上讨论的很多事项，会在3个月或半年后在高等法院管辖区域内的法官会同会上再次进行协议，这种方式可以说是将法官会同会的结果彻底通告所有法官周知的一种方法。

小田中的这篇论文尽管被定位为研究法官会同会和法官协议会的"基础资料"，但从中无法就现实的判决与法官会同会的结果或与刑事局局长的见解之间的关联性得出确定性的结论。然而，出席者如果无批判地以“恭听您的意见”的态度接受刑事局局长对法官会同会的总结意见，那么对于审判的独立性无疑会造成大问题。

（三）法官会同会和法官协议会对公害审判的影响

前面提到的竹泽哲夫论文触及了多摩川水灾诉讼与最高法院的法官协议会之间的关系。以该论文为起点，20世纪80年代后半叶至90年代，法官会同会和法官协议会对审判的影响受到了多方面的关注。归纳而言，这些影响大致有以下几个方面。

律师村松昭夫分析了公害案件与法官会同会和法官协议会之间的关系，指出最高法院仅仅在1969—1984年期间，针对公害方面的案件就召开了11次法官会同会或法官协议会，《公害等特殊损害赔偿请求案件相关业务资料》（1973年）、《公害制止请求诉讼案件相关业务资料》（1978年）、《环境行政诉讼案件相关业务资料》（1979年）、《环境行政诉讼案件相关业务资料（续编）》（1983年）和《关于多数当事人诉讼中证据调查的业务资料》（1986年）这些资料汇编（以下简称为“资料”）总结了相关的内容。

1973年的资料上没有“使用注意”和“对外保密”的印戳，但1978年之后的资料的封面上则盖有“对外保密”的印戳，并在前言部分写明：“本资料内包含有不能予以公开的内容，请在使用之时特别予以谨慎处理。”

村松律师详细分析了这些资料与现实的审判结果之间的关系。笔者在此无法介绍和分析资料的全部内容，只能将至今仍在不断系争之中，涉及道路等公共事业项目制止（项目认定的撤销）请求与原告适格的案件放入观察的范围之内。

针对应扩大原告适格认定的见解，最高法院行政局在1976年的法官协议会上提出了否定性的意见。最高法院行政局认为："究竟如何判断是否存在法律上值得保护的利益的判断基准并不明确，因此，如果该利益获得肯定，那么法院难免会招致批评，这会被认为是一种不得不采取的恣意性解决方案。"这是一段非常难以理解的文字，总体而言，其主旨是：法律上值得保护的利益欠缺明确的标准，因此法院不应该积极地认定该利益，从而招致批评。

对于项目选址地附近的居民是否具备项目撤销诉讼原告资格的问题，法院认为"在构成该行政处分根据的行政法律规范中，并不是将周边居民的不受超越一定限度环境恶化的利益予以一般抽象化，而是通过对个别具体的利益在法律上是否受到保护推导出结论"，十分狭窄地解释了原告适格的构成。更让人难以理解的是，如果法律没有规定地域居民的环境保护是具体的利益，那么应该认定地域居民不具有原告的资格。

在此表述的基础上，村松律师在论文《与公害案件相关的法官会同会和法官协议会的内容与问题点》中，揭示出了此后的审判中，各地法院不断作出沿袭最高法院事务总局行政局见解的判决。

（四）对劳动案件的影响

在劳动案件方面，也可以查阅到大量研究成果。其中相当有价值的是律师井上直行的成果《有关劳动假处分的法官协议会与审判管控》。井上的这篇论文分析了劳动假处分与地方法院判决之间的关联性，其所使用的基础材料是《与劳动相关的民事、行政审判资料集——有关劳动诉讼的审理》(1984年2月)。该文献归纳了1974年

9月至1982年7月期间召开的法官会同会和法官协议会中有关劳动诉讼协议结果概要的报告。

工人在遭受雇主不当解雇时，通常会提起解雇无效的诉讼。这类诉讼到审判终结为止，实体审判需要经历相当长的岁月，因此在主张解雇无效的同时，原告还会请求临时性救济，即申请保障地位和支付临时工资（期限自被解雇之日开始至实体审确定为止，金额为与工资额相当）的假处分。

从上述《资料集》中有关这类系争的内容中可知，法官协议会反映出的是如下见解。对于地位保障假处分的必要性，法官协议会认为："在对于工人从事工作的权利、利益的认识方面，一般不承认在通常的雇用契约中工人拥有就业的请求权，因此难以认定其成为保障对象的权利或利益"，只要认定支付工资即可。即使在工资支付方面，也没有必要支付自解雇时起至作出假处分命令期间的"过去的工资"，而应该将支付期间限定于自暂时性的临时救济措施开始之时。支付的金额不应与月工资金额相等。总之，法官协议会的见解呈现出的方针是：否定地位保障，只需支付限定的金额即可。

最高法院召开的法官会同会和法官协议会究竟对各个地方法院产生了怎样的影响，井上律师对此进行了大量的考察。他在分析各地的判决时，首先针对协议结果设定了三个范畴——"严格的裁判例"、"中间性裁判例"和"宽松的裁判例"。其中，"中间性裁判例"是指要求宽松但部分要求严格，例如限定期限、设置工资可取得的金额等事项；"宽松的裁判例"是指判定为解雇无效，命令依照请求的金额支付自解雇之日起至实体审确定为止的工资。在此范畴设定基础上，他分析了1978—1986年的相关判例。

根据井上律师的考察，1978—1980年的判决，大部分属于“宽松的裁判例”，1981年的判决中，这三种类型呈均衡状态。1982年，“严格的裁判例”和“中间性裁判例”急剧增加。1983—1984年，“严格的裁判例”平稳增长，“中间性裁判例”构成主流。此后，1985—1986年，“中间性裁判例”也开始减少，“严格的裁判例”成为主流。

根据这些分析，井上律师指出，没有迹象证明在法官会同会和法官协议会上曾展开过激烈的讨论，而且走向“严格的裁判例”的这种审判趋势，显而易见地构成了事实上的佐证，即存在着通过法官会同会和法官协议会进行“审判管控”的事实。

（五）法官们的观点

正如律师们就法官会同会和法官协议会与裁判例之间关联性所做的上述研究呈现的那样，确实无法否定最高法院事务总局案件局的见解对裁判例的巨大影响。这里尽管使用了“管控”这个概念，但最高法院事务总局在法律制度上并不具备对审判内容或法令解释的指挥命令权限，此外，也难以明确地推断出如不服从，是否存在遭受“制裁”的结果。

从上述情况可以看出，法官会同会和法官协议会的结果对于判例的作用，相当于行政指导。行政指导是战后长期以来行政官僚制中作为政策实施手段一直使用的措施。1994年颁布的《行政程序法》对行政指导作出明确规定，其只是行政方面的“愿望之表明”。尽管如此，行政指导还是会左右业界团体和自治体的行动。拙著《行政指导》（岩波新书）曾指出，行政指导是将接受方服从所获得的“利益”的逻辑，即“为了使其服从所提供的利益和制裁”结合成为一个制度，该制度建构起了行政机关与业界之间极其不透明的关系。在最高法院事务总局与审判现场的法官之间，可以说也出现了如同行政指导那样的关系。

之所以这样认为，是因为首要的问题在于，法官会同会和法官协议会的接受者（法官）究竟如何看待法官会同会和法官协议会？在这方面，尽管并没有对现职法官的见解进行过问卷调查，但是日本律师联合会为了准备于1989年11月16日召开的“思考法检交流与法官的独立联合会内部研讨会”，曾对拥有法官经历的日本律师协会会员进行过问卷调查。调查内容刊登在1990年8月出版的《法律时报》第62卷第9号上。在发出的364份问卷中，回收了116份。问卷内所列问题并不能严密地进行统计处理，且数量也有限，因此下面只集中分析其中的三个问题。

针对“属于法官自由研究的场合，所以没有问题”这一设问，选择同意的为52份（占44.8%），选择否定的为33份（占28.4%）。其中，有持同意意见者认为这是“针对结论可能多样的问题进行协议，有利于加深理解”，“关键在于法官独立的意识的问题”。另一方面，否定观点认为这是“统一法官意见的场合”，“属于上级规定的会议，传达当局意见的场合”。

针对“接受最高法院事务总局的见解者很多”这一设问，选择同意的为47份（占40.5%），选择否定的为27份（占23.3%）。持同意意见者认为“影响力绝对强大”，“存在着听从事务总局意见的人”。认为受到了影响的理由是，“最高法院召集了专业人员，汇总了内外部资料，提出了经合议研讨之后的见解，因此大多数情况下说服力较强”。对此持反对意见者认为这“存在着法官个人的信念和思考方式的问题”。

针对“原则上将召开（法官会同会和法官协议会）的事实和协

议结果置于保密状态，这样的做法存在着问题”这一设问，选择同意的为41份（占35.3%），选择否定的为31份（占26.7%）。其中，认为可以置于保密状态的理由是，“属于法院内部的问题，因此没有必要向媒体或其他人员公布”，“对于尚处于审理过程中的案件影响太大”，等等。认为不应该保密的理由是“为了使讨论能够自由进行就应该予以公开”，“今后某个时候可能会发现目前的设秘理由存在问题”，等等。

从事该项问卷调查并承担调查结果归纳工作的汤川二郎律师指出，就整体而言，调查所得意见对法官会同会和法官协议会持肯定观点的占了多数，在此基础上，认为“不属于自由研究的场合”的人约占30%，认为“受到影响”的人超过40%。这意味着在没有让人感受到自由的同时，到场的法官受实务的压力，只能就有限资料开展研讨，这就形成了最高法院事务总局“绝对强大”的影响力。

汤川律师的分析确实描绘了实际情况，但是，稍稍转换一下观察角度就可以发现，这些问卷调查的结果呈现出的是已经具有相当组织化程度的司法官僚制的景象。笔者的关注点集中于上述“受到影响的理由”方面。常常听到自治体的行政职员提到，经专业性职员严密研讨后具有充分说服力的《评价》，即来自霞关的各省中央行政机关以指导或建议以及法律解释的意见对他们产生的影响。

可以说，官僚制权力的源泉之一是信息。官僚制进行整体管理的方式是：体制的顶层占有信息，使下级机关产生“敬畏之心”，从而强化自身的功能。行政学家辻清明教授曾指出，日本的中央地方关系的特征是“知识集权、实施分权”。自治体、下级法院或法官，原本都属于独立存在的主体，并不是霞关的各省国家中央行政机关和最高法院的下位机关。但汤川等律师所做的问卷调查反映出的是，事务总局所称的高度专业性支撑着迄今为止所能观察到的人事制度和政策（这里所指的是使人服从的利益和制裁），司法官僚机构由此实现了高度组织化。究竟该如何解决这个问题，放在下一章讨论，这里需要意识到的是，这是一个与青法协问题所处的动荡时代不同层次的，严重触及审判和法官“独立”的问题。

（六）披着保密面纱的法官会同会和法官协议会

20世纪80年代末至90年代初，针对法官会同会和法官协议会与裁判例之间关系的分析研究活动非常活跃，许多关键问题点被整理出来。但这种状况近来正逐渐消逝。

在这个时期的研究活动中，日本劳动辩护团和司法改革检讨委员会曾于2000年3月提出了“劳动审判改革建议”，内容涉及法官会同会和法官协议会问题。辩护团首先指出，《整理解雇等相关案件业务资料》（1986年）认为“企业原本就拥有经营自由，因经营而发生的危险最终也是由企业负担，因此，企业理所当然应根据自我责任这项企业经营方面的逻辑判断是否存在‘经营上的必要性’，并且在此方面的判断上具有广泛的裁量权”。“因此，只要被告企业的判断没有超越或者滥用裁量权，就应该尊重承担该经营责任的被告企业所作出的判断。”在此基础上，1999年10月东京地方法院针对东洋印刷案作出的判决、2000年1月东京地方法院针对明治书院案作出的判决等案件判决书都照搬了该资料的内容。可见这类总结了法官会同会和法官协议会以往结论的资料等文件，依然对现实的审判活动发挥着影响力。

但是，日本劳动辩护团的建议所依据的资料是最高法院事务总局1986年刊印的版本。实际上到1970年左右为止，在《法院时报》上都刊登有法官会同会和法官协议会的主题、召开的日期以及参加人数等事项，并且其成果也经归纳后公布在民事、刑事和行政等方面的资料中。小田中聪树的上述论文，也基本上是依据《法院时报》所作的分析。

然而，以律师村松昭夫为首的一批关注此问题的律师指出，《法院时报》自20世纪70年代末起就不再刊登法官会同会和法官协议会召开的报道，与此同时资料上开始添加“使用注意”和“对外保密”的印章，其内容不再向法院外部公开。资料上所刊登的内容在被加上“对外保密”“使用注意”的要求之后，增加了民事局、刑事局和行政局的发言比重，参加部门的名称不再显示，发言内容也只是刊登出结论而已。进一步而言，以单个案件为主题的法官会同会和法官协议会逐步减少，取而代之的形式是司法研修所举办的研究会。

实际上，如考察1996—2008年这13年间每个月出版两期的《法院时报》可以发现，这期间《法院时报》刊登有召集高等法院院长、地方法院院长和家庭法院院长召开“高等法院院长、地方法院院长会同会”的情况，以及会议内容的概要报道（见表3-4）。召开主题所涉及的事项有为了导入参审员制度司法方面应有的准备和助理判事制度的调整等。这些事项对于司法行政而言均为重要内容，但是，其中在紧接着“最高法院院长训示”之后一页左右的概要中，则完全无法让人明白出席者在两天的会议中讨论的内容和交换的意见。这种会议应该留存下了会议记录，只是不对外部公开而已。

表3-4　高等法院院长、地方法院院长会同会的召开情况和主题[3]

召开日期	协议事项
1969年6月13—14日	民事诉讼的运用及其改善/审判部门的充实强化
1997年6月25—26日	新民事诉讼法的施行/法院组织和运行体制/法曹培养制度
1998年6月18—19日	司法修习的状况/审判部门的充实强化
1999年6月17—18日	民事审判的状况/家庭法院今后的课题
2000年6月14—15日	法曹一元化制度/法曹培养、法科研究生院/国民的司法参与/法院纠纷解决功能的强化
2001年6月14—15日	法官制度的状况/法曹培养的状况/国民与法院之间关系状况/法官的丑闻、法官的状况
2002年6月13—14日	现在法官应有的状态/国民对法院运营的意见/法官制度的改革/新法曹培养制度的状况
2003年6月18—19日	法官的人事评价/参审员制度的顺利导入/审判迅速化法案/家庭法院的事务处理制度的调整
2004年6月16—17日	在制度改革的基础上,法官于司法改革的实施过程中应该与外部社会建立的关系/为了顺利建立参审员制度,根据制度施行前的日程安排,司法行政方面应该准备和研讨的事项
2005年6月22—23日	在司法改革基础上,着眼于中长期的法院实务处理制度建设等事项/符合法官要求的人才保障/参审员制度的顺利建设
2006年7月5—6日	新司法修习制度中修习的方式/审判部门的事务处理制度/家庭法院案件的处理方式
2007年6月20—21日	参审员制度的顺利建设/助理判事的成长支援中地方法院院长的作用/为发挥家庭法院作用所要考虑的事项
2008年6月18—19日	参审员制度的顺利建设/专业化、复杂化民事案件的对应处理/青年法官的培养和教育

3　会议的名称都是“高等法院院长、地方法院院长和家庭法院院长会同会”。

民事、刑事和行政等案件局主导着法令的解释工作。但在这13年中,《法院时报》没有刊登过一篇与法令解释相关的法官会同会和法官协议会的内容。由此可见,今后已经不可能再开展如小田中律师所做的以《法院时报》为基础的研究了。自20世纪80年代以来,司法官僚机构已经如同对待法官的人事制度那样,也强化了法官会同会和法官协议会的"密室性"。下一章将指出,制定《法院信息公开法》应该成为司法行政改革的支柱。

到此为止,本书考察了以最高法院事务总局为核心的司法官僚对司法行政的控制情况,除了人事系统的实际状况之外,还将与审判工作实际开展情况相关的"指导和建议"也纳入了考察范围。新的法官人事评价和任用制度虽然已经建立起来,但无须再三说明的是,这些新制度无法动摇司法官僚控制法官的人事权限制度。只要司法的封闭性组织结构获得强化,人们就不得不面对审判和法官"自立"理念的进一步形骸化。

司法制度改革审议会尽管高举"向国民开放的司法"旗帜,但面对改革以最高法院事务总局为顶点的司法行政机构这一问题,缺乏具体的意见,无疑其应承担的责任重大。在提高司法行政的透明性,实现以主权在民为基础的司法制度方面,究竟应该做些什么,下一章将围绕此问题展开讨论。

第四章

法院如何改革

一、司法行政改革的核心——法官会议的复权

（一）众说纷纭

在1999年设置司法制度改革审议会的作用下，围绕未来究竟应建立什么样的司法的讨论意见喷涌而出，并且延续至今。这些意见不仅来自法院外部的律师、记者和研究人员，现职法官也借机发出了自己的声音。上一章中提到，在拒绝任命宫本康昭助理判事事件之后诞生了全国法官恳谈会，针对司法改革问题，现职法官们坦率地发表了许多意见。此外，1999年9月，20名现职法官组建"日本法官网络"，提出"独自"的司法改革设想方案，由此也加入了上述的讨论。

无论从哪个角度观察，由于"密室"效应，司法迄今为止都没有成为讨论的对象，因而在一定意义上成了一种"孤高的存在"。但是自20世纪90年代末以来，上述动向导致全社会对司法的关注度增加。就这个范围而言，小渊政权将司法改革列为一大政治议题，无疑具有

重要的意义。

当然，这些讨论涉及多个方面，有的涉及法官的丑闻或法庭上的态度问题，有的是批评法官不食人间烟火。也有的意见将法官描述为一边阅读着案件处理一览表和审判笔录，一边在电脑上工作的人物，表现出来的是在“普通”环境中让人难以理解的孤独职业人员的形象。围绕参审员制度建设，也同样存在着赞成与否定两种意见。现职法官的意见则更多的是严厉批评法官在院际调动方面、薪酬和任用方面存在各种不合理问题。

但是就整体而言，上述讨论的内容较少涉及司法行政机构，尤其是司法官僚机构的改革以及今后的发展方向。以下级法院法官提名咨询委员会的审议为前提建立“新的”法官任用体制，其本身并不存在司法行政机构改革方面的禁区。但是，如果实际状况呈现为如前所述的那样，那么这意味着针对集权性司法行政机构的改革依然任重而道远。

司法制度改革审议会高悬的理念是“国民司法参与”。但这理念完全聚焦于刑事案件中参审员或者被害者的“参与”方面，而相关的讨论本应触及如何让市民参与的问题，以及如何建构起能够培育“作为市民的法官”的环境。与此同时，还可以就此充实和改善远远落后于行政机构的司法行政信息公开制度。

拥有职业法官经历的秋山贤三在《法官因何错判》一书中阐述道，通过战后的司法改革，法官已成为司法行政的掌控者，建立起了全面保障司法独立的制度，但是，“即便进入战后的时代，最高法院也并没有从保障作为一名市民的法官所拥有的自由这一方向去强调法官与市民之间所具有的共性，而是与过去一样，从树立精英意识的角度鼓吹法官是位于市民之上的人物，甚至着力于营造与国民隔绝的特权官僚观念”，其结果是不断催生司法行政机构的集权化以及每一名法官与法院之间的等级化关系。与此同时，人事管理、判决内容和法院运行等方面所表现出来的可称之为“上命下服”的司法官僚制度化倾向也越发强烈。

行政机构的改革同样如此，作为职业人员的公务员无法获得“精神自立”保障，公务员被要求遵循的职业伦理也就难以得到充分的实现。对于使用权力去判定社会中各种各样纠纷的法官而言，则更加需要寻求“精神自立”。但是，这种“精神自立”不能仅仅建立在强调日本《宪法》的精神层面，而是必须依靠具体的制度保障才能得到实现。从这个角度思考司法制度改革，那么毫无疑问，改革的原点首先应该落实在法官“自立”和“法官平等”的基础上，定位于以法官会议的“复权”为基轴的改革。因为对于各级法院的司法行政而言，法官会议是决策机关。这样，改革就意味着应在返回到战后原点的过程之中去构想新的司法行政体系。

（二）法官会议的法律地位、结构以及对其的批评

正如在第一章中提到的那样，战后在司法改革中建立起的最高法院，象征着司法权从行政权中获得完全的独立。新的司法制度并非在制度上完全排除了政治和行政对审判的介入，而是意味着支撑法院运行的司法行政居于独立的地位。《法院法》尽管没有就什么是司法行政作出定义，但其范围非常广泛，涉及了从法院的组织，法官的任用、薪酬和调动等人事管理，预算和会计以及法官事务分管（刑事和民事等事务承担），到职员监督、办公房屋的维护和管理等方面的一系列事务。《法院法》规定各级法院的司法行政事务由设置于各个法院中的法官会议行使决定权。

各级法院中尽管设置了院长职位，但担任院长者并非如各个行政省厅的大臣或长官那样拥有最高决策权。他们的法定地位是在相应的各法院法官会议中担任讨论司法行政事务的“总括”角色。后续部分将介绍“总括”的内容及其变化，在这里可以先对此作个简单定义，“总括”是指调整和归纳司法行政事务组织的意见的工作。各级法院的法官会议由院长召集，其组成人员为该法院所辖的全体法官（包括特例助理判事）。高等法院和地方法院的分院的法官也当然属于法官会议的组成人员，且分院不得仅派出特定的法官作为其代表出席法官会议。法官会议的讨论决定必须经出席法官过半数表决同意后才能生效。

法院的司法行政事务须由作为合议体的法官会议决定，这无疑是战后司法改革理念具体化的成果。在战后行政体制之中，产生了全国选举管理委员会（1948年）、公证交易委员会（1947年）、证券交易委员会（1948年）、中央劳动委员会（1946年）等（独立）行政委员会。如这些行政委员会受到的批评那样，作为法官合议体的法官会议也从一开始就被认为存在着被授予的司法行政权限职责不明的问题。

行政委员会是一种以美国为中心发展而来的行政组织方式，设置在必须脱离政党政治、重视中立和公益判断的行政领域之中。正因为如此，这些行政委员会被称为“合议制的机关”，由复数的委员组成的委员会作出决策。在此决策之后，由事务局承受委员会的意志，处理相应的事务。与此相对的是，行政省厅则被称为“独任制的机关”，是由一人为最高决策者，并以此为基础构筑起的金字塔形职员机构体系所组成的机关。由于决策机关的不同，行政委员会不断受到批评，例如“在决策方面因责任分散在委员之间，从而导致职责不明”,“决策需要花费大量时间导致非效率性”,等等。

实际上,在池田政权设置的临时司法制度调查会之中,对法官会议的批评就已经成为讨论的焦点。该调查会在1964年发布的《意见书》中就指出:“应讨论采取怎样的措施以明确司法行政中指挥命令体系,建立责任体制。”但在该采取怎样的措施方面,存在着意见分歧。“a)尽管有意见强调法官应专心处理审判事务,司法行政方面的权限应赋予法院的院长来行使,但另一方面的意见认为b)首先应尊重司法行政由法官会议决定这一现行的制度理想,在此基础上,针对在运行过程中存在的欠缺之处,寻找进行完善的方案。”在惯于亲近官僚组织的日本社会之中,当然能够设想到这种来自司法体制之外的针对法官会议的批评意见。

(三)“忠实”于战后司法改革的最高法院见解

在上述各种批评意见中,司法方面本身究竟对法官会议给予了怎样的定位?最高法院事务总局曾编辑了三卷本的《〈法院法〉逐条解说》(以下简称为《逐条解说》),该《逐条解说》一直被视为法院运行以及司法行政事务方面的“圣经”。《逐条解说》(上卷,1968年6月)就法官会议和司法行政作了如下的表述。值得关注的是,如果从现实中的司法官僚机构动向的角度看,或许这段内容可以被认为属于最高法院事务总局所作的“法律评注”。

首先,对于战后司法改革与法官会议的意义,《逐条解说》指出:

> 官僚机构具有重视行政上的监督权,提高其本身地位的特色。但是,在法院这样的组织体系之中,则最不应该具备这样的特色。在旧《宪法》之下,法官长期被置于官僚机构之中。在我

国历史上，一般情况下存在着前述官僚拥有的思想都会在不知不觉中渗透进法官脑中的危险。在旧制度中，这种思想的弊害尤为显著，其表现为从事行政管理的人员的地位要高于只是从事审判事务的人员，进而常常因此产生重行政轻审判的倾向。就此意义而言，法官会议制度打破法院中的官僚属性，是具有里程碑意义的变革，因为法官会议制度不是将司法行政权全部赋予院长等特定的法官，而是赋予了法官会议。

其次，关于法官平等与法官会议的关系，《逐条解说》也作了如下阐述：

作为现行制度中的一项理念的法官平等，是从审判活动本身属性之中推导出来的理念。该项法官平等的理念，不仅仅限于审判活动本身范围之内，司法行政上的权限也必须在其适用的范围之内。就此要求可见，应该极力避免出现将司法行政权赋予特定法官的现象。

进而，对于最高法院院长、高等法院院长和地方法院院长依据《法院法》第12条第1款、第20条第1款和第29条第2款担任各自法院法官会议"总括"职务的规定，《逐条解说》的解释如下：

所谓"总括"是指为了保证根据法官会议的讨论所施行的司法行政事务具有合理妥当性，时常需要基于综合的立场，对该事务予以正确把握，调整和帮助承担该事务的各个机关的活动，汇总这些事项的事务。在最高法院的组成人员中，院长原本也

> 只是位列首席者，并不拥有与其他法官不同的地位，因此在司法行政事务方面，院长与其他法官居于同等地位，所拥有的只是法官会议一名组成人员的地位而已。

上述认识理所当然具有正当性。《逐条解说》（上卷）阐述了战后为实现打破司法体制中的官僚性的目的，基于法官理念建立起来的法官会议所具有的重要性。在今天看来，这些内容不仅没有失去意义，而且定位了司法行政改革的“原点”。这里引用的《逐条解说》是1968年版本，这是对截至1968年在《法院时报》（最高法院事务总局编）上刊登的《逐条解说》内容进行修订后的版本，绝非战后初期的解说内容。而且从那之后，《逐条解说》就一直未被修订，因此，可以认为该版本上关于法官会议的定义是最高法院延续至今的“正式见解”。

（四）在《逐条解说》与实际状况之间

“法的守门人”不得自身造成解释上的不一致。《逐条解说》中所定义的法官会议与实际状况之间明显存在乖离。可以观察到的实际状况是，仅仅针对司法行政，在最高法院事务总局之中就配置了多名法官。在此基础上，尤其是最高法院院长或地方法院院长，对法官的人事管理事务拥有“专有”的司法行政权。如果依照《逐条解说》（上卷）中对最高法院院长或地方法院院长的“总括”工作的定义，每年的法官人事评价或再任命期限内《关于再任命（或判事任命）申请者的报告书》如未经法官会议讨论，院长不能作出归纳结论。后面部分将涉及应该以什么方式作出法官评价的问题，这里先要指出的是，有意见认为只要评价主体不明确，制度上的“透明性”就得不到切实保障。但是，这个问题与由院长决定（有时因情况所需审判庭庭长也会参与其中）的评价制度分属不同层次。

最高法院大概自然会认为全部的司法行政事务都已经过最高法院法官会议以及相应各级法院法官会议的讨论。从形式上看，法官会议召开之后，在会议中决定的事项确实反映在司法行政之中，但是，在高等法院和地方法院的层级上，法官会议每年度也就召开五六次而已，且其中两次的召开时间是在年末以及确定了调动人员的年度末之时。据一位曾担任过高等法院和地方法院判事的现职法官所言，法官会议本身仅有15分钟左右的时间，其主要议题是事务分配（法官的责任分担范围），一般的方式是由院长提出初步方案并获得他人同意。初步方案由事务局制订，并事先得到院长本人的私下同意，因此大致上不会围绕该初步方案展开讨论。

最高法院法官会议在司法行政方面拥有“特别”权限，原则上于每周三召开。通常情况下，会议出席者有事务总长、各个局的局长和秘书课课长。如涉及具体的人事问题，会让事务总长、人事局局长和秘书课课长参加会议。最高法院法官会议不仅被规定为非公开性质，而且事后会议记录也不公开，因此，无法观察到其整体状况。尽管如此，还是可以认识到其实际状况只是“批准”事务总局完成的初步方案的会议而已。总之，法官会议尚不符合作为司法行政责任主体的实质要求。

高扬“打破法院中的官僚性”理念的《逐条解说》（上卷）并没有将自身体内孕育的，以最高法院事务总局为顶点的司法官僚体制所产生的“法院中的官僚性”纳入视野之中。最高法院如果强调法官会议的意义，就必须指明法官会议复权之路，以此消除事务局“支配”的弊害。

导致各级法院的法官会议“形骸化”的基本原因在于最高法院事务总局实质性地掌控着法官的人事管理权限，因此，为了实现法官会议的复权，最重要的是必须根本性地改革法官人事体制。

二、法官人事体制的改革

（一）改革的基本点：分权体制

在法官人事管理方面，“唯一”还留在高等法院和地方法院的法官会议中的司法行政权限，就只有法官的事务分配权了。所谓法官的事务分配权，是指决定民事、刑事和行政等案件的承办者，以及与此有关的变更和交替事项的权限。但正如前面内容中提到的现职法官所言，法官会议上并没有就事务分配事项进行过讨论，并且据说在地方法院院长或高等法院院长制订初步方案之前，已经非正式地确定了高等法院以及最高法院事务总局的意向。因此，实际的问题是，无法判断法官会议中究竟哪里还残留着司法行政权限。

实际上，如到上一章为止的内容阐述的那样，助理判事或法官的任命与再任命、转岗、晋升、薪酬、审判庭庭长任命以及人事评价等事项实质上都掌控在最高法院事务总局的司法官僚手中。不仅如此，在选任基准本身完全不对外明示的前提下，最高法院事务总局还以此为基准从助理判事之中选拔司法官僚精英后备人员。

法曹一元化一直是战后日本的司法悬案，如果法曹一元化真的成为现实，那么最高法院事务总局的人事行政权限就会发生巨大的变化，部分法官被选定为精英后备人员这项制度就会失去意义。但是，现在如只是提出应该全面建立法曹一元化的主张，则对司法行政改革没有特别的意义。相反，为了在不远的将来实现法曹一元化，重要的是思考在现行制度之下如何进行改革。

最高法院事务总局实质上对法官人事拥有强大的权限，其最重要的法律依据是《宪法》第80条第1款前段的规定。《宪法》的该段规定为“下级法院法官依据最高法院提出的名单由内阁任命”。以《宪法》的该条款为根据，《法院法》第42条列举了高等法院院长以及法官的任命资格，与此同时，第47条规定“下级法院法官的职位由最高法院任命之”，法官提名、人事调动或晋升等权限属于最高法院。

如果“朴素地”解释上述这些规定，可以得出最高法院有权掌管全部的法官人事事务。实际上，《逐条解说》(中卷)就指出，《法院法》第47条规定意味着“任命下级法院法官的权限专属于最高法院。行政机关以及各下级法院均不得替代最高法院行使该项权限”。根据这项规定，为了完成最高法院对法官的人事管理，就有必要设置辅助和辅佐机关。这也导致随着法院组织的扩大，辅助和辅佐机关必然地走向臃肿。此外，由于人事体制属于集权性的，那么就如同在劝告脱离青法协事件中见到的那样，人事政策难免会带上特定的政治色彩。

但是，《宪法》第80条和《法院法》第47条只是规定了法官人事责任由最高法院承担，或者更为准确地说，是由最高法院法官会议承担，而并没有严格规定最高法院一元化人事管理体制。承担人事管理责任的并非最高法院事务总局，而是最高法院法官会议。在此前提之下，寻求人事体制分权化才不会被认为违反《宪法》和《法院法》。

从上述角度观察，就被认为处于封闭环境中的日本司法而言，尤其是就如何“激活”下级审法院的和复权法官会议，以及由此“解体”最高法院事务总局而言，法官人事体制的分权化改革是不可欠缺的。

(二)以高等法院辖区为基础的法官人事管理制度

在现在的法官人事管理体制中,让法官内心感到畏惧的是每几年跨地区的院际调动(或转岗)和晋升体制。无论是院际调动还是晋升(包含提高薪酬等级),法官本人可以说是完全得不到相关理由的,而只能服从最高法院事务总局的人事局决定。《法院法》第48条规定,院际调动不得违反法官本人的意愿,但在院际调动内部公示阶段,现实中没有出现过明确表示拒绝的法官。当然,这也意味着没有出现过持续表示拒绝的法官。之所以出现这种结果,明显是因为这些法官害怕在薪酬和晋升方面陷入被“歧视”或被“制裁”的境地。

在录用的阶段,被录用者作为法官就已经被严格划分为精英后备人员和非精英两个类别。因此,在接受院际调动命令之后,被认为属于“优秀”的法官会被分派至所谓A部门(A厅)工作,而除此之外的法官则会被分派往中小城市的法院工作。然而,何为“优秀”,其基准原本就没有明确公开过。《逐条解说》(上卷)所称不该有的“法院中的官僚性”,确实就是指这种以集权性人事管理体制为轴心的“上命下服”现象。

究竟该如何改变这种现状?首先应该以当前被划分为8个部分的高等法院管辖区域为法官的基本工作地域,设置地方法院和家庭法院的人事轮岗规则,使法官在一定期限之内(如每5年)于高等法院管辖区域内的大城市、中等城市和小城市之间依次轮转工作。地方法官会议根据该轮岗规则,调整相关将被调动法官在调动以及希望赴任法院等方面的意向,听取(由法官提名咨询委员会改组后成立的)地域人事咨询委员会的意见之后,由高等法院法官会议制作人事目录(方案)。

根据《宪法》第80条的规定,《法院法》第47条建立了“下级法院法官的职位由最高法院任命之”的制度。这项制度只要未被修改,高等法院就不具有法官人事管理方面的最终决定权限。正因为如此,高等法院法官会议制作的人事目录(方案)还必须提交至最高法院法官会议予以讨论。但是依照在一定地域之内人事轮岗的原则,最高法院法官会议本身审议人事目录也不会成为难题。如果最高法院对人事目录的部分内容不同意,那么届时它可以公开相应理由,在与高等法院法官会议协议的基础上对相应问题予以解决。

当然,法官或许会有出于个人原因而希望得到北至北海道南至九州的大范围地域内院际调动,人事体制本身也并非不具备考虑这些事由的功能。针对这类事项,应该采纳日本法官网络之内的法官和研究人员提出的建议,建立空席法官职位并对应地建立公开招募制度。如严格地与德国、法国相比较,日本的司法行政制度与这些国家有相当大的差异。这些国家建立的空席法官职位公开招募制度,其作用得到相当程度的好评。

在高等法院层面,也应该设置空席法官职位并建立公开招募制度。相对于地方法院和家庭法院的判事而言,在司法官僚机构建立的同时就树立起了这样的观念,高等法院的判事属于位居“上级席位”的高层法官。然而,多阶层的审判体制与法官的“阶级性身份制”则完全属于不同层面的事项,法官之间不能存在“身份”上的“序列”差别。如果先在高等法院管辖范围内建立高等法院判事公开招募制度,并经(后文将阐述的)地域法官人事咨询委员会的审议后,由高等法院法官会议制订职务任命方案,再向上提交至最高法院法官会议决定,那么通过这样的制度,可以渐渐消除地方法院、家庭法院与高等法院判事之间的“身份制”。其中,也应该通过高等法院法官会议的协调机制，建立起从高等法院判事之中招募调动至地方法院和家庭法院判事职位法官的制度。

另一方面，根据《法院法》第40条第1款的规定，高等法院的院长由内阁从最高法院提名者之中予以任命。此外，最高法院根据《法院法》第29条的规定，任命一位判事为地方法院和家庭法院的院长。无须重复的是，司法行政权限属于法官会议，高等法院院长、地方法院和家事法院院长只是担任法官会议的“总括”而已。因此，在上述部分介绍的人事体制之中，最高法院在提名高等法院院长或任命地方法院和家庭法院院长时，应该深思如何建立起能切实可行地反映出相应法官会议意向的制度。例如在意向调查方面，可以采用法官“投票”的方式。

（三）地域法官人事咨询委员会的设置

制度上设置的法官任期为每10年一个期限。再任命法官究竟依照的是什么样的基准，这一直属于最高法院事务总局人事局的“密室”作业而没有明确向外公示过。最高法院在接受对此状态的批评之后，组建了上一章提到的下级法院法官提名咨询委员会。但是，其实际状态并无变化，最高法院事务总局实质性掌控权限的状况并没有因此发生大的变化。同样，针对自最高法院事务总局而下，由高等法院院长—地方法院院长构筑起的集权性司法行政机构的改革，该项制度也未取得成果。

法官人事管理体制分权化的改革，应该逆转下级法院法官提名咨询委员会中的中央委员会与地域委员会之间的关系，赋予地域委员会新的职能，以此推动法官人事管理体制的分权化。

下级法院法官提名咨询委员会中的地域委员会分别设置在8个

高等法院的管辖区域内。这8个地域委员会承担的职责只是应对中央委员会就法官的再任命提名事项的调查要求，而并不具备报告咨询本身是否具有合理性的权能，也没有针对委员的工作实质性地设置市民参与的制度。中央委员会所拥有的法官提名权能也受到限制，其范围只是在调查司法研修所结业者中的申请任命法官者，以及向最高法院法官会议报告被调查者是否适合被任命为法官。这方面的制度改革，应该先将设置在每个高等法院管辖区内的提名咨询委员会的名称变更为“地域法官人事咨询委员会”，并在此基础上赋予以下权能。

第一是关于法官再任命方面的调查与报告权能。从上述内容中已经清楚地了解到，在现行的人事管理体系中法官的任期为10年。对于申请再次任命者的调查与是否合适的判断报告应提交至高等法院法官会议。第二，对于来自律师或其他具有法官被任命资格者中的申请者（根据《法院法》第42条），相关的调查情况以及是否合适的判断报告也应提交至高等法院法官会议。这项规则同样适用于根据非专任法官制度提出申请的人员。非专任法官制度开始于2004年，根据该制度，律师可以在个别法庭中担任非专任法官。第三，如上所述，有关院际调动方面的调整事项，也应提交至高等法院法官会议。高等法院法官会议在汇总这些地域法官人事咨询委员会的报告之后，将此提交至最高法院法官会议。最高法院法官会议根据《宪法》第80条以及《法院法》第47条的规定，对这些报告作出有效决定。

另一方面，地域法官人事咨询委员会在委员组成方面，必须回应司法制度改革审议会提出的“国民司法参与”理念。2003年7月，法院运行委员会已经通过最高法院确定规则的方式被确立为正式制度。在后续部分将介绍该委员会的实际状况，这里需要说明的是，全国50个地方法院以及与此相同的50个家庭法院都设置了运行委员会。运行委员会由15名在该地域居住乃至工作的学识渊博、经验丰富者组成(必要时可以增加至25名)。

如果这是一种模式,那么在地域法官人事咨询委员会的委员组成之中,委员的半数以上应该由包括学识渊博、经验丰富者在内的市民代表组成。考虑到法官人事管理属于专业性的领域,那么在委员组成人员中应该有现职法官和律师的代表参与其中。但是,即使将地方法院院长和高等法院院长的作用纯化为《逐条解说》(上卷)所称的“总括”角色,他们也应该被排除在由现职法官担任的委员之外。在此基础上,职业法官委员的合理产生方式是在高等法院辖区内各个法官会议间的互选方式。律师委员则应该通过各地律师协会制定规则,以选举的方式产生。无论采用哪种方式,委员会中都不应该有检察厅的代表者。在刑事案件和行政案件之中,原告或者担任被告诉讼代理人职务的人员,不适合就法官人事事项发表意见。

另一个制度建设的事项是,对于中央委员会认定为符合条件可以任命为助理判事的人员,最高法院如作出不予任命的决定时,必须向中央委员会和申请者本人公开具体的理由。中央委员会如判定申请者不适合被任命为助理判事时,也同样需要向申请者本人公开理由。地域法官人事咨询委员会对再任命作出合适判定后,高等法院法官会议或最高法院法官会议作出不任命决定,以及地域委员会判定不适合再任命时,适用同样的规则。总之,无论在什么情况下,应在最高法院法官会议之下设置对申请者提出的异议进行再审查的第三方机构。该机构的人员应该纯粹由司法机构外部的人员组成,其对最高法院法官会议在法官的任命和再任命方面,拥有“劝告权”。

（四）法官会议实施的法官人事评价

2004年，过去长期存在的法官人事评价制度（或考核调查制度）被“正式”否定，从此开始转向建立以向被评价者本人公开为前提的评价制度。但是，这项制度仍然被置于集权性的人事体制之下，且确定无疑的是，其他方面的信息还是由最高法院事务总局人事局收集。

有一部分意见认为“对法官完全没有必要进行人事评价”，“不应该实施人事评价”，但是从“法官独立”中直接推导出这一结论，绝非合理。问题的关键其实在于，应该以什么为目的，以什么样的体制为基础进行人事评价。即使是属于高度专业人员的法官也存在是否符合相应专业领域的要求，且在诉讼指挥实际能力方面也会存在差异。此外，法官在与法院的职员以及书记官之间的关系上，也或多或少存在应予以改善的方面。

就“法官独立”而言，人事评价绝对不能运作于“密室”之中、由人事部门左右。与大学和研究生院的“教师发展”相同——当然，“教师发展”本身也并非完全不存在问题——在自我分析、相互研讨基础上进行的评价，才应该具有实至名归的积极价值。这同样属于市民所要求的司法制度的条件。

如果上述新的法官人事体制能够实现，那么最高法院事务总局人事局掌控的人事评价制度就会因此失去意义。应该建立一种在各级法院的法官会议中施行的相互评价制度，根据法院的规模设置相应的制度。在规模大的法院或部门中，应该在法官自我评价的基础上，于法官会议之下设置评价委员会。法官会议就评价委员会提交的报告展开讨论。在规模中等的部门中，可以由法官会议直接讨论人事评价内容。

上述的这种制度当然是以“法官独立”为前提，在高度专业人员之间相互认可各自人格的基础上，实现提升自我能力的目的。对于每一个法官来说，听取其他法官的评价这一做法，同时也意味着判断自身业务能力发展方面存在的可能性和着力点。

（五）法官薪酬改革

正如第三章所指出的那样，实质上决定法官薪酬的，是最高法院事务总局。但是，无论从法院之外观察，还是法官本身，都无法知晓明确的薪酬增长规则。正因为如此，薪酬方面的决定与院际调动、升等并列为司法官僚操作法官的有效资源。

表3-3显示出，判事的薪酬为八号至一号共8个等级，助理判事是十二号至一号共12个等级。在这样细分化的薪酬体制及其施行的实际状况中，至少存在两个问题。第一个问题是与预算执行相关的事项，另一个问题是对于高度专业人员而言，这种薪酬体制是否合理。下面首先从第一个问题开始分析。

助理判事的任期与判事相同，都是10年。助理判事的薪酬分为12个等级，由事务总局依裁量决定是否涨薪，其合理性在哪里？判事的任期被设定为10年，并设置了相应的再任命制度，但如第三章所提到的那样，并非所有判事都是从一号等级开始起薪，且并不设定涨薪的基准日，因此既有9个月就给予涨薪的，也有停留在特定的某号薪酬等级上长期不动的事例。

最高法院事务总局并不公开预算的概算、执行以及决算的详细报告，因此，有相当部分的预算内容外界无法了解。但在预算编制时，首先需要确定涨薪的具体对象人员，在此基础上概算人员工资，因此一般情况下设定渐增率后便能够了解概算内容。但是，涨薪无基准日，人员工资预算中理所当然会产生未使用金额。通常情况下，这部分金额会被认为用于其他支出科目，但其实际状况并不对外予以说明。有人对此批评指出，部分未使用金额被作为一种最高法院事务总局的“小金库”用于不合规的会计账目处理。[1]总之，由于司法预算中的80%为人员工资预算，令人无法忽略的现象是，司法的预算责任极不明确。

最高法院事务总局正是通过薪酬等级制度强化对法官的控制，因此薪酬等级编号的细分化和无基准日的涨薪，产生了与预算的概算和执行相关的责任问题。原本对于高度专业人员的薪酬而言，大概并无必要设置详细的等级划分。法官受安定薪酬之保障，凭自由人格以尽职责，因此如果包括助理判事在内的任期时间为10年，那么在此前提下，分别对应于判事和助理判事划分为两个等级就已经非常足够了。此外明确设定涨薪基准日，只要不存在过分违反规则的情况，就应该将涨薪基准日予以制度化。通过这些措施，在弱化最高法院事务总局的人事权限的同时，切实建立起预算责任制度。

（六）给官僚制属性的指导和建议画句号的研究与研修

全国法官恳谈会在论及（上述第三章介绍的）1983年水灾诉讼承办法官组成的法官协议会及其此后的发展情况时指出，“法官丧失独立意识，审判内容都受到控制，官僚化走向极致的状况”，导致新任法官减少，中途辞职者增多，法官能力不断弱化的后果，司法实际运行中存在着严重的病理问题。

1　参见魚住昭『官僚とメディア』。

这里无须重复强调的是，之所以能够容忍最高法院事务总局对审判内容的监控，其基本原因在于集权性的人事政策制度。建立具有职业属性的“自立”和“面向市民”的司法，是人事体制根本性改革之中不可欠缺的条件。但这两项条件只能是法官作为高度专业人员实现“自立”的基础条件。在此之上，如何实现基于职业要求的司法，则必须由法官根据每一个案件的具体情况，通过自身的头脑去考察和判断。

然而现实中显现出的情况是，2000年第一次地方分权改革中，即便是认为应提高“自立”和“自我决定”基础条件的自治体，也还是会接受位于霞关的国家行政机关的建议和指导。各个中央行政机关的省依然通过发出各种具有预测内容的建议和指导，维持其所具有的影响力。在这种现状之下，即使建立了分权性质的法官人事体系，也难言同样情况不会发生在司法机关中。况且在现在的法官会同会和法官协议会中，最高法院事务总局的各个案件局的意见并不具有法律上的拘束力。由此可见，人事行政上的权限即使受到了大幅度的制约，这些权限也仍然会通过各种形式去对法律解释作出指导和建议。

此外，除了每一个法官需要通过如上所述的相互评价以提高自身能力之外，还必须设置全国性规模的、各个专业领域的研究和研修制度。如前所述，法官会同会和法官协议会制度存在着各种弊害，为了摆脱这些弊害，实现在“法官自立”的前提下进行研究和研修，应该在改组司法研修所为司法研究与研修所的同时，在“研究部门”中实行根据法官设定主题开展共同研究项目的制度。为了使这项制度具有实际效果，需要在增加法官员额的基础上，建立法官的“研究休假”制度，即可以规定法官经一定工作周期（如任期10年或者6、7年）可获得半年至一年左右的“研究休假”。当然，在各种“研究项目”中，应该有来自外部的专家和市民参与，研究所取得的成果必须切实对外公布。

另一方面，在通过法官会同会对法令作出解释的方式之外，法院管理和诉讼制度相关的事项也应该经协议而定。获得“复权”的各级法院的法官会议有必要保持这些事项在协议和运用方面的统一性。但正如上述部分所触及的那样，这些协议的内容被覆盖在厚厚的面纱之下，因此，必须制定《法院信息公开法》（下一节中将阐述相关内容）来提高这方面的透明度。与此同时，重要的是，应该按照下面所述的要求改组法院委员会，使之能够切实地将相关意见反映至法官会同会和法官会议。

三、《法院信息公开法》的制定与市民参与

（一）落伍的司法信息公开法制

在日本，要求建立信息公开制度的市民运动形成于被称为“首相犯罪”的洛克希德事件（1976年）。在此之后，山形县金山町于1982年制定了全国首部信息公开条例，神奈川县也于同年10月制定了都道府县层面的首部信息公开条例。以此为出发点，地方自治体层面的信息公开条例制定不断得以推进。

但是，中央政府层面上的信息公开法的制定工作则大幅度地落后于地方自治体层面，20世纪80年代，信息公开立法基本没有被列入政治的议事日程之中。对于依靠巨大的行政官僚体制的自民党政权而言，信息公开法的制定意味着一种“危险”。1994年，由自民党、社会党和新党先驱联合执政而成立的村山富市政府终于迈开了朝向

制定信息公开法的步子。尽管法律制定过程极尽迂回曲折，但终于在1999年第145届通常国会上通过了《关于公开行政机关拥有信息的法律》（以下简称为《信息公开法》）。该法律于2001年4月1日起施行。

《信息公开法》（或属于地方性法规的《信息公开条例》）的最大意义在于，以法律规范的方式规定了市民拥有请求公开行政信息的权利，行政机关方面负有回答相应请求的义务。《信息公开法》并没有将行政信息公开的请求权限制在日本国民的范围之内，世界上所有的人都拥有这项权利。就这方面而言，《信息公开法》可以说具有里程碑意义。

从《信息公开法》的正式名称可知，该法律所设信息公开义务的对象是内阁统辖下的行政机关，司法机关和国会并不是其规范对象。本书的考察对象是司法机关，立法机关并没有针对司法机关制定过诸如可称为《关于公开司法机关拥有信息的法律》（以下可暂且称之为《法院信息公开法》）的法律。

最高法院受《信息公开法》颁布的影响，自身也需要回应建立司法行政文件公开制度方面的要求。由此最高法院制定了《关于公开最高法院拥有司法行政文件等事务的处理纲要》（以下简称为《司法行政文件公开纲要》），并于《信息公开法》施行的同日，即2001年4月1日开始施行。与此同时，最高法院事务总长向各高等法院院长、地方法院和家庭法院院长发布了规定有《司法行政文件公开纲要》运用细节的《关于公开法院拥有司法行政文件事务的基本处理规定（依据命令作出的内部指示）》。但必须指出，这些司法行政方面的信息公开措施，只是停留在“纲要”的层面上，如下面所指出的那样，其内容非常不全面。

（二）遍布缺陷的《司法行政文件公开纲要》

在司法行政文件的公开中，如同行政官僚一样，司法官僚也尽可能回避权利—义务关系法定的要求。现在这项作为法院信息公开依据的《司法行政文件公开纲要》，完全还只是以最高法院事务总局为顶点的司法行政机构内部的规则而已。

正因为如此，该纲要针对司法行政文件的公开请求，规定“最高法院被请求公开其所拥有的行政文件时，对于任何人都应公开该司法行政文件”，但公开的请求并非市民的法律权利，法院方面也并不负有予以公开的义务。这是有关司法行政信息公开制度中存在的基本缺陷。

在公开的对象和原则方面，《司法行政文件公开纲要》基本上模仿了《信息公开法》的规定。非公开信息方面的规定同样如此，《司法行政文件公开纲要》规定：（1）法令上有特别规定的；（2）被请求公开的信息，符合《信息公开法》第5条的规定（包含因审判事务的性质，如公开可能给合理执行造成影响的信息）的，“不属于公开范围”。

但是，在《信息公开法》的制定过程中，曾成为争议焦点并予以制度化的事项是，对于被申请信息是否属于不公开的信息，不能由信息拥有机关以裁量方式判断，而应由第三方机关予以审查。后者的规定尤为重要。如仔细观察《信息公开法》（或《信息公开条例》）的具体规定，可以发现尽管其中的权限设置并不相同，但信息公开审查会全部都设置在内阁或者首长之下。依据《信息公开法》，信息公开审查会拥有“屏蔽审查”（要求行政机关提交其认为全部不公开或部分不公开的文件或信息原件，判断其是否应予以公开）的权限。申请人如对行政机关的不公开决定不服的，可以向信息公开审查会提出审查申请，并且相应的争议可以一直诉至最高法院为止。

但《司法行政文件公开纲要》则完全没有设置第三方机关审查的制度。其中“纲要11”(苦情申诉部分)规定，“对于收到公开申请的法院(以下称为“原法院”)作出的全部或者部分司法行政文件不予公开的决定，如公开申请人向最高法院提出苦情申诉的，由最高法院对原法院所作出的不公开决定是否妥当作出判断”。如果最高法院认为原法院的决定不正确，将作出纠正指示并联系申请人，向其公开信息。反之，如最高法院认为不公开决定正确，则只是联系申请人告知其该判断内容。

使用“最高法院”的名称，体现了位居“最高司法机关”的“自负”(换种角度而言，也是“骄傲”)，但司法行政文件便是指由司法行政机构制作的信息，而司法行政机构的“上级机关”并不适合直接承担判断相关信息是否应该予以公开的工作。况且这种判断虽然被称为最高法院的判断，但负责制作是否应该公开判断的初步方案并提交法官会议的，是被称为司法行政文件总管家的最高法院事务总局秘书课课长。

进一步而言，事实上苦情申诉无法针对最高法院的司法行政文件提出申请《司法行政文件公开纲要》规定的信息公开。2001年，最高法院曾收到过一位研究过洛克希德事件的市民的申请，要求公开有关该事件的最高法院法官会议议事录。洛克希德事件涉及洛克希德公司副董事长科奇安等人向前首相田中角荣行贿5亿日元的事项。1976年，在向美国方面移送对科奇安所作的委托询问笔录时，检察总长和东京地方检察厅检察长曾发布《不起诉事宜声明》，明确承诺不起诉科奇安。最高法院也以《宣明书》的方式对此予以确认。

该市民申请公开的就是形成《宣明书》过程的最高法院法官会议议事录。该议事录属于保存期限为30年的现用文件，最高法院根据会议非公开规定（《最高法院法官会议规程》第8条）作出不予公开议事录的决定。作出不公开决定的原法院与被提出苦情申诉的法院为同一法院，并且由于不公开决定不属于行政处分，所以不能申请行政复议。

在上述情况中，信息公开申请人向东京地方法院提起诉讼，请求130万日元的国家赔偿。东京地方法院的河村吉晃审判长于2004年6月24日作出判决，指出“应该考虑区分会议的不公开与议事录的事后公开之间的不同性，没有必要将议事录全部都设置为不公开文件”，因此判决该不公开决定赔偿6万日元。但是，承办国家方面二审上诉的东京高等法院的秋山寿延审判长则认为，“基于能够开展自由讨论的目的，将议事录设置为不公开文件为不得已之举”，因此判决撤销东京地方法院一审判决，驳回上诉人的赔偿请求。在此之后，最高法院第三小法庭（审判长藤田宙靖）也于2006年4月11日驳回了原告三审上诉的诉讼请求。该案例非常有说服力地显现出，当前的司法行政信息公开制度中究竟存在着多么巨大的缺陷。

（三）定义与责任不清晰的文件管理

《司法行政文件公开纲要》中所称的“司法文件”，由“纲要1”部分定义为“最高法院的职员在行使职务中制作或取得的有关司法行政事务的文书、图画以及电磁记录，供最高法院的职员组织性使用，由最高法院保存的文件”。

从该“司法文件”的定义中，一方面可以对文件管理进行如下的思考。规定了文件管理事项的《最高法院司法行政文件处理要领（依据命令的内部通知）》（以下简称为《司法文件处理要领》）将司法行政文件分为两大类，即以决策为目的的“草案文件”（或“受理文件”）以及除此之外的“资料文件”。“草案文件”又可分为人事事务、预算和外部应对等几类，其保存期限分别为3～30年。“资料文件”的保存期限则一律为3年。

《司法文件处理要领》的规范对象原则上是为决策制作的“草案文件”。但是，《司法文件处理要领》规定“如决策的同时制作司法行政文件存在困难的，事后可以补足制作司法行政文件”，进而“如所处理的事项属轻微时，可不制作司法行政文件”。这样规定造成的后果是，事后制作的“草案文件”即使被公开，也无法明确呈现实际的决策过程以及与其关联的情况。另外何谓“事项属轻微”，不仅未作任何定义，也没有明确由谁来作出判断。其结果是，无法公开由司法官僚判断为“轻微”的决策内容。

另一方面，“资料文件”之中存在组织公用文件，但其性质究竟为何则没有明确说明。就一般的认识而言，上面提到的最高法院法官会议议事录应被归为“资料文件”，但《最高法院法官会议规程》则规定这些文件的保存期限为30年，而《司法文件处理要领》规定的“资料文件”的保存期限为3年，可见，对什么属于“资料文件”，无法具体明了地作出判断。进一步而言，在决策过程中，关于职员或组织单位制作的笔记、讨论资料等文件是否属于“资料文件”而成为公开的对象，也完全无法作出判断。

在上述问题之外，如果再稍稍着眼于具体细微的部分，就会发现《司法行政文件公开纲要》将信息公开的窗口设置在最高法院事务总局秘书课中，而在最高法院的办公场所之内并没有建立起查阅、公开请求的窗口制度。进一步而言，全日本100个地方法院和家庭法院都尚未建立起司法行政文件的公开制度。因此难以断言，现行的司法行政文件公开制度对应的是信息公开请求者的便民要求。

（四）《法院信息公开法》与法院委员会的扩充

上述部分指出了通过法官人事体制的分权化以实现法官会议的“复权”的路径。但是，就法官会议应具有的属性而言，其在广泛地回应市民参与司法的要求的同时，还必须接受市民的监督控制。若非如此，法官会议的“复权”实际收获的，则很可能是由受过高度训练的职业人员组成的“封闭性”组织。

司法制度改革审议会《意见书》认为，应该建立能够将国民的意见广泛地反映到法院运行之中的制度。作为对此的回应，最高法院于2003年7月制定了一项规则，在全国50个地方法院与50个家庭法院中设置法院委员会。该最高法院规则于同年8月1日起施行。此后，自同年11月起，相关法院也依次建立起法院委员会。

这里应先考察一下已经处于活动停止状态的家庭法院委员会这一事例。家庭法院承担家庭和少年案件的审理，其中除了诉讼案件之外全部实行裁决和调停措施。这是一种世界上其他国家不存在的独特法院。基于这种法院的属性，在家庭法院的法官会议之下，设置了家庭法院委员会，委员由家庭法院的法官、检察官、律师、自治体职员以及学识丰富者等30名以内的人员担任。该委员会接受家庭法院的咨询，就家庭法院运行方面必要的事项提出建议（《家庭法院委员会规则》）。但是，自20世纪80年代之后，该委员会就处于活动停止状态。

如前所述，2003年起步的地方法院和家庭法院的法院委员会，由15名（可以增加至25名）委员组成，接受地方法院和家庭法院的咨询，就法院运行事项提供意见。此外，即使没有接受咨询，也可以提出意见。规则没有对法院委员会所能处理的事项设置范围限制，因此其可以就法院运行中的所有司法行政事务提出意见。地方法院和家庭法院对法院委员会所提的意见进行检讨之后，应将结果报告给该委员会。法院委员会一年中可以多次召开会议，其议事内容向报道机关公开，议事录也同样公开。

担任最高法院一般规则制定咨询委员会委员的宫本康昭指出，法院在通过法院委员会“使法院的运行能时常置于市民的监督之中，接受市民的批评”方面具有积极态度，但在审议过程中法官不担任委员方面没有达成合意。

实际上，如表4-1所呈现的东京地方法院的法院委员会组成委员那样，委员长由东京地方法院院长担任，此外，该法院的民事部代理院长、刑事部代理院长、代理院长与东京简易法院司法行政事务掌理法官，以及立川分院院长4名法官也担任委员。在召开会议的次数上，东京地方法院在2004—2008年期间每一年召开3次。法院委员会的设置本身自然值得赞扬，但其离建立法院的运行和司法行政接受“市民的监督”的目标，尚存很远的距离。目前东京地方法院的法院委员会还只是院长“倾听意见的场合”，或者是与学识渊博、经验丰富者进行“恳谈的场合”而已。实际上，如查阅议事录就会发现，以委员长为首的法院一方与外部委员之间并没有就法院的运行事项进行过讨论。两者之间的互动仅仅表现为以委员长为首的法院委员们就包括参审员制度在内的审判制度进行说明，以及回答外部委员的提问而已。

表4-1　东京地方法院委员会委员

（截至2009年4月）

池田修	东京地方法院院长、委员长
荒井勉	东京地方法院民事部代理院长
伊藤聪	学识渊博、经验丰富者
大谷晃大	检察官
唐津惠一	新日铁化学经营企划本部总务部部长
菊池洋一	东京地方法院代理院长、东京简易法院司法行政事务掌理法官
北村敬子	中央大学商学部教授
小粥节子	东京简易法院调停委员
斋藤义房	律师
佐久间正法	警视厅刑事部刑事总务课课长
柴田宽之	东京地方法院立川分院院长
田边信彦	律师
田村浩子	学识渊博、经验丰富者
滨田和男	受害者支援都民中心专务理事
丸山阳子	保护司
宫山雅行	律师
村濑均	东京地方法院刑事部代理院长
我妻学	首都大学东京教授
渡边雅昭	《朝日新闻》社法务部

最高法院事务总局针对司法制度改革审议会《意见书》作出的这种回应，仅配备了“外观”。法院委员会应该设置成与法官会议之间保持着高度独立性的委员会。向法院表述意见的委员会的首长如

果与接受意见的法官会议的议长为同一人，那么就必然出现逻辑上的矛盾。

进一步而言，对于为什么法院委员会仅设置于地方法院和家庭法院中的问题，完全没有见到说明理由，最高法院以及8个高等法院依然罩着厚厚的面纱。不让市民的目光进入现行司法行政机构的“中枢”之中，这本身不正说明存在着“司法之中的官僚性”吗？而且在不远的将来，即使建立起了能体现“分权与自治”这一战后司法改革理念的法院体系和司法行政机构，最高法院和高等法院也还是当然会保留各自的司法行政部门。可应该“反映国民意见”的，肯定不只是地方法院和家庭法院。

除了重新调整现行的法院委员会的委员结构之外，还必须制定《法院信息公开法》，即使在最高法院和高等法院之中，也应设置法院委员会，这是在实效性地保障法院运行和司法行政能接受市民监督和参与方面不可欠缺的制度配置。各级法院委员会为了能够积极有效地通过调查和审议提出报告，必须广泛地向社会公开和与社会共享信息。在具备了这些制度条件后，委员的眼光也会变得敏锐起来。

就中央行政机关的府或省，或者自治体而言，其中存在的问题自然不胜枚举。即便如此，在《信息公开法》和自治体的信息公开条例制定之后，市民的“监督”之眼也因能取得相关数据而变得强大起来，其中公共资金的使用这一制度也因此得到了很大改善。

（五）《法院信息公开法》的要点

如果最高法院自负于自身作为“法律的守护者”的身份，那么其本身必须忠实于“依法律（司法）行政”的规范。当然，最高法院只能通过内阁，而没有直接向国会提出法案的权限。假如最高法院法官会议没有制定《法院信息公开法》的意向，那么“国权的最高机关”国会也能够通过议员立法的途径制定《法院信息公开法》。

前述部分指出《司法行政文件公开纲要》中遍布缺陷，而归纳该纲要在信息公开方面的这些“缺陷”，正好反证了《法院信息公开法》应有的要点，即应该予以法制化的事项如下，第一，任何人都拥有司法行政文件公开请求权，各级法院负有公开的义务。

第二，当然，法院也有权作出“不公开”或者“部分不公开”决定。与此对应，应该在最高法院法官会议之下设置高度独立于司法行政机关之外的信息公开审查会。实际上，根据2001年起施行的《信息公开法》，针对行政机关的省厅方面作出的“不公开”决定，信息公开审查会在许多案件中作出了“全部公开”或者“部分公开”的咨询答复。在一些案件中，针对行政机关的省厅方面作出的“信息不存在”回复，信息公开审查会通过调查后甚至找出了相关文件。因此，设置信息公开审查会是信息公开法制必备的要件。

与此同时，信息公开审查会也会作出支持法院方面的判断，因此还必须同时建立起信息公开申请人能够争讼至最高法院的司法体系。当法院认为不公开且信息公开审查会也“追认”为不公开时，或许有人会质疑在这类案件中法院是否能够保持正当判断。但是，如果通过司法行政机构的改革，同步推进法官会议的“复权”和充实法院委员会等途径，从而建立起“法官的自立”制度，再加上《法院信息公开法》若规定作出的不公开决定属于行政处分，在这样的制度性前提下，市民就可以提起请求撤销该行政处分的诉讼。这样的制度设置至少可以打破现行的《司法行政文件公开纲要》建立的封闭体制。

第三，在当前的信息技术社会之中，应该建立起全国的地方法院和家庭法院及其各个分院能够访问司法行政文件的体制。司法行政文件只要未被具体特定化，就当然可以经申请后予以公开。地方法院和家庭法院之内应该设置接受咨询和受理申请的部门，最高法院、高等法院当然也应如此。

另一个应注意的问题是，左右着信息公开法制实际状况的，是与上述制度要点并列的文件管理系统。因此，在明确《司法文件处理要领》中所称的“草案文件”与“资料文件”在法律上的定义之外，还应该重新设定原来的“保存期限”。在行政官僚制的认识中，只有“草案文件”才属于“正式文件”，司法官僚也持有同样的认识。正因为这样，对于“轻微事项”可以不用制作文件，草案文件也允许在事后补订，而这些文件原本就不应该任由官僚机构以裁量方式作出判断。此外，还应该明确“资料文件”属于组织共用文件，在公开的前提下对此设定“保存期限”。

在制定这样的《法院信息公开法》之时，重要的是法律制度的基本框架和文件管理体系这两个方面的立法工作不能交由最高法院事务总局处理，而应该在市民参与和公开讨论的基础上运行。这意味着必须在“向市民开放的司法”的基础上建立信息公开制度。

所谓“向市民开放的司法”，并非只在形式上建立信息公开制度。强调应该“依法律（司法）行政”，或许是在最高法院面前“班门弄斧”的表现，但现实还远未达到这一程度。最高法院法官会议必须采取积极行动推进《法院信息公开法》的制定进程。如果通过这方面的法制化，使市民或媒体对信息公开的申请和公开得以实现，那无疑将增进司法的透明程度。无须赘述，这也有助于通过法院委员会制度积极“监督”和“控制”法院。

四、超越司法官僚支配

(一)事务总局与事务局的重组

制定《法院信息公开法》,一方面是针对最高法院事务总局实质性掌控着法院的人事权限的现状所进行的分权化制度建设,另一方面也是在主权在民之上构筑"向市民开放的司法"的基石。但是,即使这些制度建设能够得以实现,法官会议作为司法行政的决策机构,仍然无法缺少作为辅助和辅佐机构的事务局。即便在法官人事分权化的制度中,最高法院法官会议也需要掌管最高法院规则制度、预算编制、文件管理(包括公章管理)、信息公开与提供,以及研修等方面的司法行政事务。地方法院和高等法院同样需要掌管这些司法行政事务,与最高法院之间的差别只是程度不同而已。

法官会议与在其之下设置事务局的这种行政组织结构形式,类似于会计检查院、人事院、国家公安委员会和公证交易委员会等行政机关。虽然这些政府方面的合议制机关与事务(总)局的关系,在制度的外观上和法官会议与事务(总)局之间的关系具有共同之处,但实质上两者之间存在很大的差异。

在最高法院事务总局中,关键岗位是由职业法官占据的。最高法院制定的《司法行政职务规则》规定,可以指派判事或者助理判事(简称为所谓的"指判")担任事务总局、司法研修所、法院职员综合研修所(2004年4月由原法院书记官研修所和家庭法院调查官研修所合并成立)、最高法院图书馆以及其他司法行政部门中的职位。据2008年的数据可知,最高法院事务总局之中,担任司法行政职务的判事共有26人,其中有以事务总长为首的6个局的局长和16个课的课长等职位，另外每个年度还有20～23名助理判事担任局付。此外，8个高等法院的事务局长全部是判事，再加上法院调查官（依《法院法》规定高等法院和地方法院都可设置，但目前只在最高法院设置调查官职位）、研修所（所长和教官等职位），从事司法行政事务以及调查官工作的职业法官，包括助理判事在内，人数大致达到了120。

为什么需要在事务总局的关键岗位上配置职业法官，以及为什么需要配置人数较多的助理判事作为司法官僚后备人员？对此，最高法院并没有作出过明确的说明。《逐条解说》（上卷）也没有就《法院法》第13条，即有关事务总局的条款内容作出过任何解释。但是，与行政机关方面的合议制机关显而易见的不同之处是，作为决策机关的法官会议的组成人员与事务局关键岗位的任职者，属于相同的专业职业人员。会计检查院的检查官、人事院的人事官和国家公安委员会的委员等人员在各自的领域尽管并非不需要相应造诣，但他们中的大多数人并不属于在各自领域中接受过高度专业训练的职业人员。

如从通常的角度观察其原因可知，与法院相比较，由一半非专业人员组成的决策机关的行政合议制机关，可以说在相当大程度上表现为事务局支配的倾向，而这些事务局则是由各个领域中受到长期训练的职员组成。组织结构即使是这样，决策机关与事务局之间在组织目的方面仍然存在一体性。

但法院方面并非如此。在法官会议的组成人员与事务局关键岗位具有同一性且高度专业职业性的前提下，司法机关这种事务局的结构则促使了“审判部分”与“司法行政部分”的分化。司法行政的最高决策机关应该是法官会议，但事实上法官会议将全部司法行政事务委托于作为辅助和辅佐机构的事务总局办理，而自身的工作则倾向于“审判部门”。正因为如此，才必须在事务总局的关键岗位上配置精英法官，并在更早的阶段开始培养具有未来发展可能性的“司法官僚”。

目前已经浮出水面的问题是，为了实现法官会议的“复权”目标，将来对法官人事制度进行分权化改革的同时，应该如何大胆地对事务总局的组织结构进行改革。在司法制度改革审议会设置之后，不断有对司法官僚批评的声音，认为他们是“享受法官的薪酬但不从事审判的法官”。

但准确地说，这些法官并没有适用《法官薪酬法》规定的薪酬制度。以事务总长为首的司法行政职员们适用的是《法院职员临时措施法》中对一般职国家公务员薪酬的规定。虽然适用不同的法律，但事务总长或局长适用指定的职位薪酬表后，事务总长相当于行政机关的事务次官职位，其他职位的职业法官的每月薪酬也没有降低。总之，完全不能将批评单纯停留在不从事审判的司法行政官僚这个层面上。消除“指判”现象，即从事务总局的组成人员之中排除精英法官才是制度建设的必由之路。

（二）法院职员与法官会议

录用无判事资格的法院职员（事务官）的考试，分为Ⅰ类、Ⅱ类（大学毕业程度）和Ⅲ类（高中毕业程度）3种。Ⅰ类考试合格后被录用者可被分配至从最高法院事务总局至全国的各个法院中工作。Ⅱ类和Ⅲ类考试合格后被录用者，原则上被分配至高等法院的管辖区域内工作。法院事务官经法院职员综合研修所入所考试合格，接受1～2年的研修之后被任命为书记官，配置在审判部门工作。最高法院、高等法院、地方法院和家庭法院之中，都配置有书记官职位。根据

《法院法》第60条规定，书记官的工作是制作和保管案件审判的记录、调查与审判相关的法令和判例等，并且这些工作的前提都是“接受法官的命令”。但是，书记官并不仅限于在审判部门工作，他们也时常会被调动去司法行政部门。如上所述，他们在薪酬等方面的待遇根据《法院职员临时措施法》，准用《一般职国家公务员薪酬表》的规定内容。因此，他们中的大部分人员以《行政职薪酬表（一）》中的10级为上限。

初看之下，法院职员的分类录用考试以及录用之后的待遇与国家公务员相同。其中，Ⅰ类考试合格后被录用者相当于进入公务员精英组，Ⅱ类和Ⅲ类考试合格后被录用者相当于进入公务员非精英组。但与国家行政机关的府和省根本性的不同之处在于，事务总长、事务次长、秘书课课长、局长以及各个局的课长等关键岗位职务，被受指派的精英职业法官担任。

如果一定要用行政机构来比喻这种实际状况，法院的这种组织结构类似于特殊法人、独立行政法人或国立大学法人的人事机构。这些法人机构中各个岗位应录用的当然应该是对应专业的职员，但总裁、理事长以及理事和干部职员中的关键岗位，会被管辖该机构的行政机关所推荐退休人员或该行政机关人事部门的职员占据。即便在国立大学法人之中，大学本部事务局局长或部长级别的职员，实质上也被纳入文部科学省人事管理体系。因此，最高法院事务总局在人事管理结构中也采用了行政机关的精英组和非精英组的“入口选别”制度，这无疑会降低通过法院职员录用考试进入法院的专业职员的士气。这种不利后果可以说是与相关制度结构紧密相关的。

来自前任司法官僚的一般认识认为，之所以要设置指派精英法官担任最高法院事务总局的干部或者高等法院事务局局长的制度，即“指判”制度，其理由在于，法官人事管理或最高法院规则制定等事务，必须通过司法体系实施。但这种逻辑只是“事后诸葛亮”而已。正如本书反复谈到的那样，司法行政部门与审判部门双方共同制造出了精英职业法官阶层制司法结构。其结果是不断推进法官会议的形骸化。但是，如果最高法院判事乃至所有法官都认识到法官会议才理所应当是司法行政的主体，并不断推动建立市民对法官人事管理和法院运行的参与制度，则会淡化事务总局关键岗位需要配置“指判”的必要性。

建立法院职员录用考试制度的初衷就在于使司法行政的辅助和辅佐机构发挥作用。国家公务员考试后录用的行政职员，起步阶段也并不精通各个行政领域。他们的实务能力是通过在培训体系中不断被指出存在的问题，同时在工作过程中接受特定方面的研修而获得提高的。

因此，应该废止在司法行政体系中设置“指判”的制度，建立起由具有高度职业自豪感的法院职员组成的辅助和辅佐机构。在此基础上，为了使辅助和辅佐机构能够切实地回应法院会议的意思，作为合议体的各级法院法官会议应针对相关的司法行政课题设置专业常设委员会，领导和控制职员机构。当然，这些专业常设委员会的活动必须向法官会议报告并获得批准。另外，专业常设委员会的组成人员应适时更换。

（三）法官的司法行政能力问题

到此为止，本书考察了司法官僚的权力以及其造成的司法病理等一系列现象，同时也表述了改革应有的方向。但是，这里想强调的是，司法行政能力问题的真正所在，其实是每一位法官。由于接受了具有高度专业属性的法令解释训练，许多法官拥有“自负”之心。但这种“自负”之心原本并不应该成为法官回避对司法行政的关注和主动参与的原因。如今司法行政由部分精英法官管理，就会造成大部分法官苦恼于职业的“自负”之心与所处现实之间的乖离。

所谓司法行政，如从较为宽泛定义的角度看，应该是指以人事、文件管理、预算这类现代行政为“原型”的官房系事务。因此，必须基于专业性技术和知识才能制定和施行的各种政策或项目规划事务，完全不在司法行政之中。由此可见，就这方面的要求而言，法官在精神和事务两方面，同时承担起法令解释的职业工作和司法行政的职业工作，应该并不会存在那么多的困难。

目前，司法改革已经被列入政治改革的议事日程，甚至最高法院事务总局也相应建立了各种“市民参与”制度。当然，这些制度目前还只是在外观上涂上了浓厚的色彩而已。为了能够推动司法改革持续走向实质化，首先最重要的是应该将3 500名法官从司法官僚的“客体”之中解脱出来，从而积极地推进制度改革。

终　章

市民的司法改革责任

（一）对市民而言的司法改革是什么

司法是为了保护市民作为人所拥有的权利和自由而设置的制度，这是我们已经无数次听到的话语。尽管司法制度改革审议会确实呼唤着对司法实际状况的关注，但司法究竟应该如何发展，仍然没有进入人们日常关心的事项之中。参审员制度即使被媒体连篇累牍地报道，其具体的内容也难说能被人们理解知晓。保障人的权利和自由的司法制度究竟应该如何建设，必须进一步激发社会对此的关注。

即便是对司法的关注，也不应仅仅停留于法庭审理活动范围之内。其实在媒体尚未大规模报道之前，在法庭审理之前的阶段，司法即法官的判断就开始发挥作用了。

第一章在介绍参审员制度的内容中，曾提到警察将拘禁场所作为“代用刑事设施（代用监狱）”使用的问题，相关事项并没能纳入改革的范围。的确，从旧《监狱法》时期起，《刑事收容设施法》就允许将警察的拘禁场所作为羁押嫌疑人或被告人的场所使用。但是，在逮捕嫌疑人时，基本上必须向法院申请逮捕状并由法官签发逮捕令。将刑事拘留的嫌疑人羁押在何处，则由接受刑事拘留请求的法官通过审判程序决定。只要法官没有允许将嫌疑人刑事羁押于警察的拘禁场所，就不能在这些场所进行讯问活动。警察和检察方面之所以使用“代用刑事设施”，是因为在侦查活动中便于收集到口供。在刑事审判中，诱导或者强制取得口供的做法常常会引发问题，由于在侦查机关内的设施中实施讯问成为常态，这就会构成产生误判的原因。

法官如果真正为了保障人权，从专业立场作出独立于侦查机关的判断，则即便在有理由刑事拘留嫌疑人的场合，也应该命令不得在侦查机关之内的拘禁场所，而是在刑事拘留场所实施羁押并进行讯问。如果这样的审判案件不断增加，那么“代用刑事设施”所具有的价值会因此而逐步消失，最终从《刑事收容设施法》中删除。

很早就开始研究该问题的原法官安倍晴彦（现为律师）在《未能变身为狗的法官》一书中介绍了自己不认同“代用监狱”的经历。以年轻法官为中心的一批法官，在吸收前任法官对此批评主张的同时，逐步开展对刑事拘留状态的研讨和实践。当然，律师界也热心于这方面的探索。然而，“遗憾的是，从承办这些案件的法院实务情况来看，令状问题的整个过程之中，感觉到法官这方面的问题意识最近变得低调起来。实践事例（与侦查机关的意向相反，将嫌疑人拘禁于刑事拘留场所）也在减少，或者说从所见现象反映出的是，问题意识正在朝着相反方向发展”。

一般情况下，难以用表格的方式呈现出有关发布逮捕令状或者决定刑事拘留场所的审判实际状况，但是，法官如果希望回避与警察或检察机关之间的紧张关系，那么从这个时间点开始，法院和法官就丧失了“自立”的立场。

在有可能被判定为重罪的刑事案件中，目前法庭审理中引入了参审员制度。参审员制度完全可以被视为一种“国民司法参与”现象。的确，由于是公开审判，作为业余人员的参审员的言语行动都会受到媒体的关注。但是决定有罪或无罪，判断量刑的评议过程不允许被公开，泄露评议内部情况的参审员会受到刑事制裁。

法庭审理与评议的基础，是在“代用刑事设施”中经讯问取得的证据上形成的起诉状和检察方面的案卷。而实际情况并非如此。此前的2005年，为了缩短刑事审判时间而制定了《开庭前整理程序》，其设定的程序属于非公开程序。在该程序之中，法官要求检察和辩护双方提交各自主张和举证事实，归纳争点和证据，并在此基础上制订审理计划。这其中，检察方面的主张无疑是在“密室”之中经讯问而得。

参审员不得不按照在非公开程序中制订的审理计划听取被告人和辩护人的主张，判断案件事实，因此，这是一种极其困难的工作。在随后的评议程序中，作为职业人士的法官如果阐述过去的判例和第三章提到的法官会同会和法官协议会上的“结论”等内容，在那种场合中，参审员能在多大程度上参与其中，进行讨论？参审员最多只能发出情绪性的抱怨——“为什么我说的不能被理解？”

尤其是刑事司法并不完全呈现在“公开”场合之中，仅仅就这一点而言，法官和法院究竟拥有多大的“自立”性，与市民作为人实际所享有多少权利与自由息息相关。对于市民来说，所谓司法改革，首先最重要的是建立起法官和法院“自立”的制度条件。在欠缺这些条件的前提下"参与"法庭活动，或者部分专家人士"参与"法官委员会等，其实与构建市民的司法这一追求之间并没有关联之处。

（二）旨在维护市民的"法官的自立"与组织改革

如上所述，司法官僚机构在被完善的过程中也强化了对法官的管理体制。在发展至今的过程中，该体制不断地侵害着"法官的自立"的空间，且在有意识或无意识之间，加深了许多法官对待上级审或者上席法官判断的"沉默无语"倾向。如此的行动方式能保障法官的"身份"吗？无疑这已经与"法官的自立"相去甚远。

法官也是与权力的行使关系密切的人员。但是作为专业人员保持"自立"的法官，其作用在于与政治和行政权力之间维持紧张感的同时，解释以《宪法》为顶点的法律体系，为社会构筑新的规范。正是这种过程才不得不需要法官的个人思想和信条深度介入其中。为了防止以此为理由"排斥"法官，《宪法》强化了法官的身份保障制度。正因为如此，法院必须成为法官，即这些具有自由人格且具高度专业要求的人员能够自由、豁达行动的场所。也正因为如此，为了保障这种场所的运行，《宪法》《法院法》规定法官相互之间地位平等，同时也否定了法院之间具有阶层关系。

但是，战后司法体制的建设则呈现了与此理念完全相反的走向。普通的法官确实享有身份保障，但同时又受制于司法机构自身从内部培育的司法官僚机构的支配，从而消除了上述"法官的自立"的条件。法院之间的关系也因此有着浓厚的官僚制属性的"上命下服"色彩。

第四章回溯到战后司法的"原点"，除了提出各种消除司法行政中官僚支配体制的构想，还进一步指出应该提高对司法行政制度的关注度，以每一个法官真正获得作为职业人士的“自立”为目标。这些也是笔者对法官们的期待，在我们看来，如何实现这里所提出的改革构想才是最为重要之处。法官与法院无“自立”之处，市民的生活就必然难以获得保障。

除了上面提到的“代用监狱”方面法官的判断之外，劳动审判中法官的“自立”与市民的生活状况更是息息相关。日本劳动辩护团的《建议》中也提到了这方面的事项。《整理解雇等相关案件业务资料》指出：企业享有经营的自由，经营方面的危险的最终负担者是企业，因此只要在工人的整理解雇方面不存在裁量权滥用或逾越的情况，就应该尊重企业的判断。可以说，这样的认识体现了最高法院在劳动审判方面的观点。

目前已经形成的一大社会问题是，非正规工人正在被大规模解雇，且正规工人也在成为整理解雇的对象。尽管不能认为最高法院事务总局的上述观点会机械地渗透在承办劳动案件的法官的意识里，但在集权性的司法官僚机构的体制之中，如果那种观点对现实的审判活动产生了影响力，那么，对市民而言，究竟应该以什么为基轴来维护自己的生活呢？

只要观察劳动审判的现实状况，就能够明白以法官人事体制改革和各级法院的“自治与分权”为基本点的司法机构改革有着极大的重要性。司法并非“遥远的存在”，其原本就应该是与市民密切相关的制度。就此意义而言，司法官僚的改革不可回避地应成为市民的责任，与此同时，毋庸多语的是，司法改革也是每一位法官寻求答案的课题。法官只有从集权性司法官僚的桎梏之中解放出来，才能培育市民所具有的丰富感情，才能真正确立职业人员的可信赖性和权威。

（三）政治应承担的责任

毫无疑问，面对在历史过程中坚固地构建起来的司法官僚机构，不可能在一朝一夕间就实现第四章提出的改革构想。但是，朝着改革的方向锲而不舍地点滴积累，如此坚持走下去，实现改革目的就不会是那么困难之事。

最重要的是，首先应该着手制定《法院信息公开法》。无须重复强调的是，该法律应该规定市民拥有请求法院公开所持信息的权利，法院负有公开相应信息的义务。当有了《法院信息公开法》后，面对向最高法院事务总局就人事政策或法院运行方面的事项提出的信息公开请求，事务总局也就不能依然如故地视若无睹了。长此以往，便会动摇司法官僚以集权方式对法官和法院的“支配”体制。当然，我们最为期待的是最高法院自身能够致力于这方面的制度建设。如果这种期待无法实现，政治机关尤其是国会就应该全力推进。司法制度改革最初的提出者，原本就是政治机关。所谓“三权分立”体制之中，“国权的最高机关”是国会。政治所承担的作用，并非只是对应时代的需求制定和实施政策或项目，而是在于不断推进包括司法在内的国家制度的基本架构建设，从而实质性地实现民主主义目标。

每当国家政治进入选举阶段，政党都会制定施政宣言，就执政之后所承担的责任向市民作出保证。但是，所有政党的施政宣言都没有作出过通过制定《法院信息公开法》的引领以确立司法民主主义方面的保证。构建以市民为目的的司法则正是政治的责任，因此，制定《法院信息公开法》，通过政治的方式设定市民能够知晓司法实际状况的条件，这已成为政治的首要之选。这既是法院改革的基础条件，同时也是改革的出发点。本书自始至终都在强调这一点。

后 记

自2009年8月开始，各地地方法院中出现了坐有参审员的法庭。在5月21日《参审员法》施行日前后的时间内，究竟应该建立怎样的司法制度这一话题，再一次成为舆论的焦点。推动建立参审员制度的是司法制度改革审议会，该审议会的设置也确实提高了人们对司法的关注度。即便是一直被视为社会中"沉默之人"的现职法官，其中也有一些人组织了多个团体，积极参与司法现实问题讨论。

在上述状况之中，我感到难以放心的是，无论是司法制度改革审议会、政府还是最高法院，都没有积极投入司法行政机构的改革之中。作为国家基干制度的司法，其并不只是由审判部门组成，支撑着最高法院运行的司法行政部门也是其自身的组成部分。如果司法改革针对的不是现实状况，就绝无可能建立起朝向市民的"开放的司法"。在这里，我和我的同事，担任研究项目代表的宫崎隆次等研究者启动了研究这些问题的科学研究基金资助课题《司法政治学——初步考察》(2006—2007年度)和《司法政治学——基础研究》(2008—

2010年度)。在这些课题中,我承担了其中行政机构,尤其是司法官僚的实际状态和功能部分的研究。

在因青法协问题引发"司法危机"讨论的时代,"司法官僚"这一词汇曾被频率极高地使用过。但观察现今阶段的情况,"司法官僚"这一词汇的使用已无从前的状态。行政学的研究着眼点是行政官僚机构。我作为行政的研究者,虽然研究方向并不涉及司法官僚机构乃至国会官僚机构,但是我写作本书的动机在于,在质疑司法制度改革的同时,以此引发对行政学的"自省意识"。

虽说持有上述的问题意识,一旦尝试着手分析司法官僚的实际状态和现实作用,就切切实实地感受到了被覆盖在厚厚面纱下面的层层阻力。尽管困难如此之多,但我还是尝试剖析司法官僚的精英路线、法官人事系统、针对下级审的"指导"等实际状态,并在此基础上提出我个人的司法行政制度改革计划建议。当然这难免让人有"隔靴搔痒"之感,但愿本书能对确立司法民主主义有点滴帮助,对催生司法制度改革新发展方向有所贡献。

在写作本书的过程中,我有幸听取了许多曾任和现职法官、律师等人士的宝贵意见,由此知晓了司法行政的现实状况。因为在做这方面调查时有过不披露被询问者姓名的约定,所以只能在此对他们表示衷心感谢。

本书在收集参考文献方面,有劳于千叶大学法经学部资料室的林美春助教(司书)的大力协助。"先生,查到这方面的资料了。"这是我常能听到的林助教来我研究室时的声音。在此向林助教表示感谢。

在本书的最后部分,我更想感谢在新书编辑部中担任本书的编辑，也是《技术官僚》一书编辑的小田野耕明先生，因为他的热心建议和全心编辑工作，本书才得以面世。

新藤宗幸

二〇〇九年七月七日

主要参考文献

◆ 一般司法行政

最高裁判所事務総局総務局編『裁判所法逐条解説上・中・下巻』財団法人法曹会、一九六八年、六九年

最高裁判所事務総局編『裁判所百年史』大蔵省印刷局、一九九〇年

司法制度改革審議会『司法制度改革審議会意見書―二一世紀の日本を支える司法制度』二〇〇一年(全文は『ジュリスト』一二〇八号、二〇〇一年に掲載、また議事録、各種資料は『ジュリスト』同号の付録CD–ROM「司法制度改革審議会全記録」に収録されている)

全国裁判官懇話会全記録刊行委員会編『自立する葦―全国裁判官懇話会三〇年の記録』判例時報社、二〇〇五年(第一回から第一八回までの懇談会の記録は、同書付録のCD–ROMに収録されている)

日本裁判官ネットヮ｜ク『裁判官は訴える!私たちの大疑問』

講談社、一九九九年

日本民主法律家協会司法制度委員会編『全裁判官経歴総覧 第四版 期別異動一覧編』公人社、二〇〇四年

臨時司法制度調査会『意見書』一九六四年（全文は『ジュリスト』三〇七号、一九六四年および『法律時報』第一六巻八号別冊、一九六四年に掲載されている）

僎住弘久「司法をめぐる「文書」による行政—その予備的考察」『司法の政治学—その予備的考察（平成一八～一九年度科学研究費補助金研究成果報告書）』千葉大学法経学部、二〇〇八年

大野正男『弁護士から裁判官へ』岩波書店、二〇〇〇年

滝鼻卓雄「司法行政はいま…」『法学セミナー増刊 今日の最高裁判所 原点と現点』日本評論社、一九八八年

竹﨑博允「最高裁判所事務総局の機構と機能」同上

和田英夫『最高裁判所論』日本評論社、一九七一年

D. H.フット『名もない顔もない司法—日本の裁判は変わるか』NTT出版、二〇〇七年

D. J.ダネルスキー「最高裁判所の誕生」『法学セミナー増刊 前掲書』

◆ 法官人事制度、法官评价

最高裁判所事務総局『裁判官の人事評価の在り方に関する研究会報告書』二〇〇二年

日本裁判官ネットワーク「第四回シンポジウム 夢の裁判所をめざして」『判例時報』一七四二号、一七四四号、一七四五号、

二〇〇一年

秋山賢三『裁判官はなぜ誤るのか』岩波新書、二〇〇二年

梓澤和幸『報道被害』岩波新書、二〇〇七年

安倍晴彦『犬になれなかった裁判官—司法官僚統制に抗して三六年』日本放送出版協会、二〇〇一年

伊東武是「監督と人事と独立と—裁判官キャリアシステムの改善を願って(上)(下)」『判例時報』一六五三号、一六五四号、一九九八年

伊東武是「裁判官の人事制度の改革について—裁判官会議の問題にも触れて」『自由と正義』二〇〇一年三月号

伊東武是「余りにも微々たる改革—裁判官人事評価在り方研究会報告に対する根源的疑問」『法律時報』第七四巻一一号、二〇〇二年

門田隆将『裁判官が日本を滅ぼす』新潮社、二〇〇三年

亀井洋志『司法崩壊』WAVE出版、二〇〇八年

佐藤　竺「司法官僚と法制官僚」潮見俊隆編『岩波講座 現代法六 現代の法律家』岩波書店、一九六六年

西川伸一『日本司法の逆説』五月書房、二〇〇五年

牧原　出「政治化と行政化のはざまの司法権—最高裁判所一九五〇～一九六〇」『公共政策研究』六号、二〇〇六年

宮本康昭「裁判官制度改革過程の検証」『現代法学』(東京経済大学現代法学会)九号、二〇〇五年

◆ 法官会同会、法官协议会

井上直行「労働仮処分に関する裁判官協議会と裁判統制」『労

働法律旬報』一二〇〇号、一九八八年
小田中聡樹「裁判官会同・協議会―戦後の刑事裁判関係にみるその問題点」『法律時報』第四五巻四号、一九七三年
日本労働弁護団・司法改革検討委員会『労働裁判改革の提言』二〇〇〇年
松本　正「裁判官協議会、そして調査官」『法学セミナー増刊 前掲書』
宮澤節生「司法行政と裁判官行動」『法律時報』第六二巻九号、一九九〇年
村松昭夫「公害事件に関する裁判官会同・協議会の内容と問題点」『労働法律旬報』第一二〇〇号、一九八八年
湯川二朗「判事検事交流と裁判官会同協議会に関するアンケート―裁判官会同協議会に関する部分の分析試案」『法律時報』同上